Mater Nostra

1º edição

Ricardo Costa Deotti

Ribeirão Preto (SP), Brasil – 2022

Dados internacionais para catalogação na publicação (*CIP*)

(*Câmara Brasileira do Livro, São Paulo, Brasil*)

D418 Deotti, Ricardo Costa, 1958 – *Mater Nostra* Deotti, Ricardo Costa; 1º edição.
Ribeirão Preto
Edição Independente, 2022

ISBN: 9798848790436   82 p.; 21cm

Selo editorial: Independently published

3237 kB – docx

1. Sumário – 2. O postulado – A hipótese da *Protoginia* Humana – 3. O dimorfismo sexual – 4. O arranjo interno e anatômico de nossa *psiqué* – 5. As premissas – 6. Algumas decorrências – 7. Conclusões – 8. Resumo – 9. Dedicatória – 10.Outras obras do autor

I – Título

CDD: 570

CDU: 575

Índice para catálogo sistemático:

1. Não ficção: Ensaios de Hermenêutica 641

Capa e diagramação do autor

Índice

O postulado – A Hipótese da *Protoginia* Humana

Há poucas semanas um detalhe prosaico me atraiu a atenção: o fato de todos os homens ainda termos mamilos. Não sei por qual razão me fiz esta pergunta, e a busca por uma resposta minimamente defensável me tomou algum tempo e concentração. Uma longa reflexão teve início e acabou resultando na formulação de uma hipótese, que agora apresento neste livro, à qual dei o pomposo nome de *Protoginia Humana*.

Você já se fez esta pergunta?

Fonte: *https://pixabay.com/pt/photos/hijab-len%C3%A7o-de-cabe%C3%A7a-retrato-v%C3%A9u-3064633/*

Por mais que me esforçasse nestas ponderações, não consegui identificar uma única função sequer para este atributo anatômico universalmente presente no corpo dos homens, pelo menos por enquanto. Elemento estético? Apêndice para o futuro ou resquício ancestral?

Difícil acreditar que a natureza fosse alocar seus valiosos e escassos recursos para criar um mero adereço anatômico, lembrando que por trás de cada mamilo há exatamente o mesmo e complexo sistema endócrino que nas mulheres, apenas atrofiado pelo desuso. Esta possibilidade não parece coerente com as leis da evolução, tais como as concebemos hoje depois do trabalho de Darwin.

Nada impede, ademais, que os mamilos masculinos se tornem funcionais mediante estímulos mecânicos ou hormonais. Algo de importante deve ter acontecido no passado, portanto, para que eles tivessem sido criados e, pelo menos até um certo ponto, funcionado normalmente, como nas mulheres em lactação.

Tanto me demorei nestas reflexões que passei a considerar a hipótese absurda de termos todos sido, em algum momento, fêmeas, os mamilos sendo apenas um remanescente anatômico desta condição, algo que tenha perdido a função ao longo do tempo e que estaria, por conta disto, em vias de desaparecimento por desuso, coerentemente com uma das Leis de *Darwin*. Um processo, portanto, ainda em pleno curso, como parece ser o caso em relação a várias outras estruturas do atual aparato orgânico humano, como os dentes molares, o apêndice cecal, a vértebra coccígea, a membrana nictitante, os músculos das orelhas e o mecanismo funcional que nos provoca arrepios, todas estruturas consideradas sem função, ainda que possam ainda exercer alguma função remanescente em nosso aparato fisiológico e funcional.

Envolto nesta reflexão, e considerando procedente minha hipótese, fui levado a algumas outras dela derivadas e me confesso ainda atônito com as conclusões a que cheguei a partir da reunião de vários elementos que me servissem de apoio e referência.

Que existe nosso mundo, inserido em um universo quase sem fim, que existimos nós, homens e mulheres, que fazemos parte deste mundo, nosso lar, e que somos bastante diferentes entre nós, do ponto de vista antropológico, ninguém pode duvidar.

Assim sendo, quem teria aqui chegado primeiro, já que não é razoável supor que tenhamos chegado exatamente ao mesmo tempo, homens e mulheres, a este cenário exclusivo, passando a nos expormos, enquanto espécie em gestação, às forças evolutivas?

Quando consideramos que na escala evolutiva as coisas costumam acontecer em longuíssimos períodos, medidos em nossa escala usual de tempo, logo percebemos que nela o que é considerado um salto pode ocorrer ao longo de, frequentemente, milhares de anos, ou até milhões, vez que os ritmos da natureza, neste particular, são extremamente alongados. Nosso universo parece ter surgido há cerca de 14 bilhões de anos, nosso planeta há 4,5 bilhões e, nele, a vida, há cerca de 3,5 bilhões de anos. A formação de nossa espécie parece ter tido início há cerca de apenas 3 milhões de anos, na forma de nossos mais antigos ancestrais presumidos, alguns *Australopithecus* – aqui já falando em escala mil vezes menor, portanto, milhões e não bilhões de anos – e, finalmente, nossa espécie, tal como hoje nos apresentamos física e mentalmente, *Homo sapiens sapiens*, há cerca de meros 150 a 300 mil anos. Não custa aqui lembrar que nossa civilização não tem mais que uma piscadela de olhos neste contexto, um lampejo de 5 a 7 mil anos, com os sumérios, os egípcios, os indianos, os chineses e os gregos, fundada pelos povos que lhes deram origem.

São escalas, portanto, muito dilatadas no tempo. Bastariam cerca de meros 15 a 20 anos de defasagem entre o surgimento dos homens e das mulheres para que nossa espécie tivesse se inviabilizado definitivamente e sua marcha evolutiva se tornado impossível, a se considerar nossos atuais hábitos reprodutivos.

Nada indica, aliás, que nossa espécie já esteja consolidada como tal, como veremos mais adiante. Muito pelo contrário, nossos organismos ainda estão em plena formação e desenvolvimento, bastando algumas poucas observações da realidade para que possamos chegar a esta conclusão de forma inegável, incontestável. Uma espécie em plena formação, como, aliás, é corriqueiro em todo o bioma terrestre em todos os cenários naturais. A existência das estruturas anatômicas que acabo de mencionar atesta esta possibilidade.

Vendo esta questão por uma lupa que revele apenas um minúsculo recorte desta marcha evolutiva, parece óbvio que, pela extensão das diferenças entre machos e fêmeas, tanto na conformação anatômica quanto em assimetrias nos processos fisiológicos, psicológicos e comportamentais, entre outros, estas duas variantes tenham surgido em momentos diferentes no processo evolutivo, provavelmente décadas, séculos ou até milênios, pelo menos. Na verdade, arriscaria dizer que foram milhões de anos. O processo de formação do cromossoma Y, basicamente um X que perdeu mais de 90% de seus genes originais, só por si, já demandou alguns milhões de anos. Sabe-se que ele é o principal controlador de todas as características do macho, tanto as genotípicas quanto as fenotípicas, embora não seja o único *locus* dos genes relacionados à determinação do sexo. Talvez até das comportamentais, direta ou indiretamente.

Em suma, alguém deve ter chegado aqui muito antes do outro, ou outra. Necessariamente.

Ainda no terreno da lógica mais elementar, já que é impossível aos homens, na ausência dos sistemas reprodutivo e nutritivo funcionais nas fases iniciais da vida, se procriarem como variantes autônomas dos sexos, fica fácil deduzirmos que as mulheres tenham aqui chegado antes e que, ao longo de algum período de tempo, tenham se reproduzido por autofecundação, de forma autônoma, portanto. No máximo, de se intercruzarem com fêmeas capazes de gerar espermatozoides. Difícil imaginar o caso contrário, em que os homens tivessem aqui chegado antes e se reproduzido de forma autônoma, sem o concurso das fêmeas da espécie. Seria ilógico seguir por este caminho, se não por outras razões, pela mera ausência de um útero que pudesse abrigar uma gestação normal.

Logo, só por esta sequência de raciocínios simples, já podemos começar a desconfiar que as mulheres tenham pisado na Terra antes dos homens, provavelmente muito antes!

Esta linha de pensamentos é uma das que me utilizo para defender este postulado, mas não a única. Muitas outras evidências de difícil contestação me levam a defender, agora de forma muito convicta e segura, que assim tenha sido, ao contrário do que prega o senso comum, a partir de mais uma das incontáveis bizarrices impostas à nossa civilização e à nossa ciência, de forma velada e subliminar, sempre astuciosa, pelas religiões, particularmente a católica, que, também no livro de Gênesis, como sempre, aponta para o lado errado, indefensável e confusamente. A ser verdade o que aqui postulo, ou constato, há muitos equívocos em pleno curso em nossa cultura e até em nossas condutas, comportamentos e crenças mais fundamentais.

Na verdade, há muito mais a ser revisto do que até a mim parecia quando primeiro me detive nesta reflexão. Há muitas contas que não fecham.

Fonte: https://br.pinterest.com/pin/509891989055562835/

Este é o tema central e a razão de ser deste livro, no qual, uma vez aceito o convite a esta reflexão, como almejo, me dedicarei a enumerar algumas das muitas e importantes deduções e desdobramentos dela decorrentes, visando lhe conferir utilidade e valor. A partir daí, muitas consequências virão à luz, a começar por uma possível explicação para a homossexualidade, sua origem e mecanismo, o que, só por isto, já justificaria todo o meu esforço em faze-lo, e o seu em se deter nesta leitura.

Para chegar a esta postulação, apresentarei algumas premissas, depois algumas conclusões e, como disse, algumas das muitas decorrências da aceitação deste novo enredo evolutivo. Muitas e positivas serão estas decorrências. Um aprofundamento destas reflexões e imersão em suas bases estão apresentadas em outro trabalho meu, uma trilogia que apresento ao final deste livro, na qual, em uma série de ensaios de hermenêutica, enumero de forma mais completa estes alicerces, em uma cadeia propedêutica pretensamente pedagógica, sem nunca me afastar das verdades e ritos da ciência formal e do empirismo *a priori* defendido por vários e consagrados filósofos e pensadores, que doravante, aliás, terão que ser relidos e reinterpretados.

O dimorfismo sexual

Tudo leva a crer que o dimorfismo sexual em nossa espécie seja um evento recente na escala evolutiva, tendo tido início, provavelmente, em algum momento entre 60 e 340 mil anos atrás, quando da consolidação do cromossoma Y na espécie humana, embora tenha surgido muito antes. A julgar pela idade de *Lucy*, o mais antigo fóssil já encontrado de nossos ancestrais, datado como tendo de 2,5 a 3 milhões de anos de idade, parece mesmo que por muito tempo em nossa espécie só houvesse mulheres, nossa reprodução sendo feita por algum mecanismo de autofecundação ao longo de todo este período de monomorfismo sexual.

Prováveis justificativas para a indução da diferenciação sexual seriam novas demandas relacionadas à defesa das famílias e dos grupos sociais, habilidades específicas para a caça, a pesca e a coleta de produtos vegetais, conveniência da dedicação integral das genitoras à criação dos descendentes, o aumento da variabilidade genética pela redução da consanguinidade e, eventualmente, melhorias nas condições de vida, de convivência, de amadurecimento e de socialização da espécie. Estes seriam bons motivos indutores deste dimorfismo.

Há vários indícios que dão sustentação a esta conjectura e, como disse, reuni-los é um dos objetivos deste livro.

As fêmeas, então, por esta hipótese, teriam dado origem aos machos para protege-las e às suas crias, com maior capacidade física, resistência e velocidade de deslocamento, para fecunda-las e se dedicarem à provisão de alimentos, já que não tinham como fazer tudo sozinhas. Talvez tenham escolhido as mais fortes entre elas para se especializarem nestas funções. Para que isto fosse possível, elas haveriam de ter sido capazes de autofecundarem e assim terem se reproduzido por longo tempo. Em outras palavras, os homens seríamos mulheres especializadas naquelas funções.

O orgasmo feminino, por exemplo, pode ser remanescente deste formato primordial e ainda oferece várias características que permitem esta inferência.

Por quê ainda hoje haveria mulheres capazes de ejacularem para fora, para o meio externo, em jatos de fluidos corporais de composição variável, mas sem qualquer função objetiva conhecida, muito menos reprodutiva, ao contrário da ejaculação masculina? Pode ser um sinal de que houvesse fecundação cruzada entre diferentes fêmeas para, eventualmente, reduzirem a endogamia ou consanguinidade através deste previdente hábito comportamental. Neste caso, como ao longo de toda esta elaboração, alguma forma de inteligência haveria de estar por trás de todos os processos, arquitetando e realizando experimentos. Falarei sobre isto mais à frente, mas adianto que, em minha opinião, esta inteligência nenhuma relação tem com qualquer deidade ou personagem de qualquer mitologia de ocasião, particularmente da vaticana. Não há espaço aqui para tais ingenuidades e simplificações pré-científicas.

A localização do *Ponto G* é outro indício anatômico de que no início elas talvez copulassem entre si, mesmo sem a interveniência de um pênis, eventualmente usando as próprias mãos. Trataremos melhor deste assunto logo em seguida.

O primeiro homem teria sido, portanto, uma mulher especializada em caçar, pescar, coletar, defender e copular. Tarefas importantes, essenciais, mas secundárias diante das demandas da maternidade. Maior resistência física, mais hemoglobina no sangue e melhor senso de direção entre os homens, atributos essenciais para as longas peregrinações necessárias para as caças, pescas e coletas de alimentos e suprimentos, são indícios que dão sustentação a esta possibilidade.

Mulheres são capazes de realizar várias tarefas ao mesmo tempo, como necessário para as lides domésticas, ao contrário dos homens, que precisam se concentrar em poucas delas de cada vez, como necessário nas caças e incursões pelas perigosas savanas e florestas a serem exploradas. O fato de as mulheres perceberem mais nuances de cores e odores que os homens também aponta para alguma especialização nas tarefas domésticas mais típicas, como seleção e preparação de alimentos e cuidados com a prole, particularmente aquela em idade ainda não compatível com o domínio das linguagens faladas.

Além dos órgãos genitais, o homem difere da mulher em muitos outros aspectos, como a altura e o peso médios. Somos cerca de 7% maiores que as mulheres e, consequentemente, nossos órgãos são maiores, o tecido adiposo abaixo da pele é mais fino e, dessa forma, temos um contorno mais anguloso do corpo. Nossa pelve é mais estreita e os ombros mais largos, a laringe maior e, consequentemente, a voz mais grave, além da maior quantidade de pelos, principalmente na face.

Em média, as mulheres são 10 a 15 cm menores e 10 a 20 kg mais leves que os homens. A menor altura se deve à maturação mais rápida do esqueleto e ao fechamento mais precoce das placas epifisárias de crescimento.

A alta incidência de câncer na próstata sugere que é uma glândula ainda inconsolidada, indicando sua formação mais recente na escala evolutiva. É o segundo tipo de câncer mais frequente nos homens, 33/100 mil, o dobro da incidência de cânceres de útero, 15/100 mil [1]. Logo, deve estar mesmo ainda em processo de formação e consolidação.

---

[1] https://www.inca.gov.br

Fonte: https://pixabay.com/pt/vectors/deserto-%c3%adndia-mulheres-agua-andar-4319748/

Por conta destas diferenças anatômicas e funcionais, ocorre um deslocamento do centro de gravidade do corpo feminino para baixo, o que no esporte influencia negativamente no desempenho geral, sobretudo em corridas e saltos [2].

Na mulher observa-se entre o braço e o antebraço uma angulação em forma de X e uma hiperextensão na articulação do cotovelo. A maior flexibilidade daí oriunda é uma vantagem competitiva evidenciada nas modalidades esportivas de "expressão", ginástica artística e ginástica solo, por exemplo. No atletismo e nas provas de arremesso e lançamento, ao contrário, esta angulação prejudica o desempenho. A

---

[2] https://favalefisicosaude.com.br/2018/06/01/diferencas-fisicas-entre-homens-e-mulheres/

posição em *X* dos braços também influencia negativamente na execução de exercícios que exijam apoio mais firme.

Isto significa que as mulheres permaneceram por mais tempo com braços maiores que as pernas, se deslocando principalmente pelas árvores, em relação aos homens. Logo, também por este ângulo, parece serem bem mais antigas que eles na cena natural.

Os pelos, como os da barba e do bigode nos machos, podem ser mecanismos de disfarce muito úteis para as caçadas, além de protegerem os pescoços e outras partes do frio e dos ventos, com o concurso auxiliar do eriçamento da pele, ou arrepio.

Como os homens ficamos carecas bem mais cedo, parece que pelos e cabelos têm função de atrativos sexuais, o que pode ajudar a explicar as barbas e bigodes mais desenvolvidos. Como as mulheres também desenvolvem estes pelos, ainda que forma diferenciada, provavelmente já os tivessem antes da formação dos homens. Logo, estes pelos seriam atributos da espécie, não dos sexos, já que as mulheres ainda os desenvolvem na menopausa.

Muitas diferenças são influenciadas pelos hormônios sexuais. Por exemplo, os hormônios femininos podem causar no homem o desenvolvimento das glândulas mamárias, denominado ginecomastia. Já os hormônios masculinos causam nas mulheres o engrossamento da voz e o aumento da formação de pelos, o que ocorre normalmente na menopausa, como disse, quando a produção de alguns hormônios específicos se reduz consideravelmente.

Ainda nesta linha de comparações, de uma maneira geral a puberdade em meninas inicia-se bem mais cedo do que nos meninos. Nelas, a partir dos 8 anos já se observa o desenvolvimento das mamas e, por volta dos 12 anos ocorre a primeira menstruação, a *menarca,* o principal rito de passagem para a idade adulta. Já nos meninos, o volume dos testículos começa a aumentar só por volta dos 11 anos, os pelos pubianos surgem por volta dos 12 anos e os pelos da face apenas aos 15 anos [3]. O esqueleto feminino também se consolida bem antes que o masculino, cerca de 3

---

[3] https://brasilescola.uol.com.br/curiosidades/diferencas-entre-homens-mulheres.html

anos antes, já que os meninos continuam a crescer até os 18 anos e a altura das meninas se estabiliza já aos 15 anos [4].

Fonte: https://www.pexels.com/pt-br/foto/tres-mulheres-com-pinturas-faciais-2170387/

Segundo a mesma fonte, os cérebros masculinos e femininos não funcionam da mesma forma, apresentando diferenças na maneira de processar informações e emoções. Alguns neurofisiologistas explicam que homens são melhores em cálculos que mulheres, que, por sua vez, lidam melhor com as relações humanas e com as linguagens. Essas diferenças provavelmente estão relacionadas com a orientação das conexões entre os neurônios.

Outro ponto interessante em relação ao sistema nervoso central é que mulheres possuem mais massa cinzenta (*região com corpos celulares de neurônios)* que os

---

[4] https://brasilescola.uol.com.br/sexualidade/puberdade.htm

homens, que possuem mais massa branca, formada por prolongamentos dos neurônios.

De acordo com minha hipótese, a da *Protoginia* Humana, o lóbulo esquerdo do neocórtex *(self, de acordo com outra tese minha, apresentada no livro "Método 4D", citado ao final deste livro)* haverá de ser mais tipicamente masculino, a porção homem nas mulheres, e o direito *(narciso, idem)* mais tipicamente feminino, a porção mulher dos homens. O *ego* e o *contrasself,* que correspondem anatomicamente aos sistemas límbico e reptiliano, respectivamente, haveriam de ser necessariamente femininos, por conta de seu surgimento e consolidação ao longo do tempo no processo evolutivo. Esta conformação da *psiqué* tem implicações profundas no comportamento e nas reações das pessoas, que são objetos de detalhados estudos no livro citado, que fogem, por sua extensão e alcance, de nosso foco aqui.

Pelo visto, não é à toa que *Lucy* haveria mesmo de ser uma fêmea.

Em outro recorte do dimorfismo sexual, um único óvulo se equipara funcionalmente a milhões de espermatozoides. Enquanto permanece soberano em seu trono, os milhares de "peixinhos" têm que se virar para alcança-lo. Basta comparar seus tamanhos para se perceber quem é o mais forte e mais complexo neste processo!

Como já vimos, o cromossoma *Y* parece um *X* definhado. Está sempre sozinho, sem um parceiro, ao contrário dos autossomos *(cromossomas não relacionados à determinação do sexo)* ou *X* nas fêmeas.

Ele passou de um *super-X,* com mais de 1.400 genes há centenas de milhões de anos *(250 a 300 milhões)*, para um pequeno e nodoso cromossoma com apenas algumas dezenas de genes *(de 100 a 184, ao que consta)*.

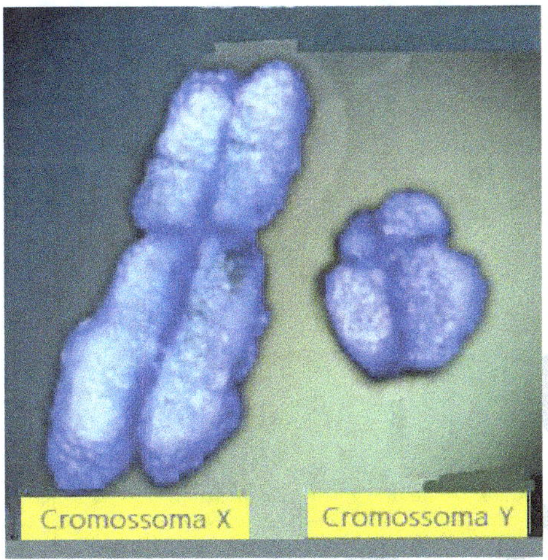

Fonte: Elaboração do autor

Voltando àquela questão inicial, por oportuno e pertinente, apesar de os mamilos não terem qualquer função aparente no corpo masculino, é curioso saber que eles ainda podem produzir leite!

Isso acontece porque todo homem tem certo nível de estrogênio, o hormônio feminino. Se o indivíduo sofrer alguma anomalia que afete seu equilíbrio hormonal, especialmente das prolactinas, as glândulas mamárias poderão crescer e começar a produzir leite. Tal acontece em algumas condições extremas de vida, como já se observou em campos de concentração nazista. A sucção mecânica também pode promover a produção de leite pelas glândulas mamárias dos homens [5]. Este fato é outro indício que aponta para a procedência de nossa hipótese de trabalho.

---

[5] https://sciam.com.br/bizarro-porem-verdade-machos-podem-produzir-leite/

Um provável arranjo interno e anatômico de nossa psiqué

Recorrendo a outro de meus trabalhos, *Outras hipóteses* [6], vou apresentar aqui, de forma resumida para não fugir ao escopo deste livro, uma arquitetura psicológica básica de nossa espécie que integra as visões de *Jung* [7] e de *Freud* [8] a algumas adições que deduzi, para que possa me fazer entendido ao apresentar algumas das conclusões a que vou chegar.

Há em nossa *psiqué* dois âmbitos principais já largamente aceitos pelas ciências afins: um consciente, que podemos acessar livremente por nossa própria vontade, e outro subconsciente, ou inconsciente, de acesso um pouco mais restrito, ainda que inteiramente disponível sempre que requerido. Vou usar uma imagem para facilitar o entendimento deste arranjo.

Imagine que fossemos um navio: a parte acima da linha d'água seria a fração consciente de nossa *psiqué* e a fração abaixo a subconsciente. A parte em vermelho na imagem em seguida seria nosso subconsciente pessoal, uma fração singular, só a nós afeta. O oceano seria o subconsciente coletivo, uma instância de caráter público e plural, no qual estaríamos todos flutuando, parcialmente imersos, navegando diuturnamente.

Na fração consciente, a meu ver, parece conviverem vários tripulantes, dos quais vamos aqui focar apenas 5, os que se alternam em protagonismo a cada nova situação vivida, sempre de acordo com ela.

---

[6]
https://www.amazon.com.br/s?k=outras+hip%C3%B3teses&__mk_pt_BR=%C3%85M%C3%85%C5%BD%C3%95%C3%91&ref=nb_sb_noss

[7] *Carl Gustav Jung (1875-1961),* psiquiatra e psicoterapeuta suíço que fundou a Psicologia Analítica. Propôs e desenvolveu os conceitos de personalidade extrovertida e introvertida, arquétipo e inconsciente coletivo.
[8] *Sigmund Schlomo Freud (1856-1939),* médico neurologista e psiquiatra, criador da Psicanálise.

Fonte: Elaboração do autor

O primeiro, na verdade, é uma figura externa, não embarcada neste navio, a *persona*, uma instância criada por outras pessoas com base nas impressões que têm de nós ou que causamos a elas, o que elas *julgam* sermos, com o que concordamos tacitamente. É uma instância que não se submete ao nosso controle direto, porque é ancorada fora de nosso espaço e vontade pessoais. É o que *acham* que devemos ser, o que devemos parecer a eles, sejam quem forem, próximos ou não. É como alguém que observa este navio a partir de um porto com um *walk talk* em mãos em frequente contato conosco. Esta *persona* tem como principal característica a de ficar o tempo todo martelando em nossas mentes suas imposições e padrões de comportamento e de apresentação, tudo o que considera que devamos ser, ter, fazer ou achar. Para ela, machos tem que viver como machos e fêmeas como fêmeas. Pais como pais e mães como mães. Profissionais como tais e familiares da mesma forma e padrões. Simples assim. É a principal responsável, por exemplo, pelos traumas, crimes e preconceitos quase sempre relacionados à homossexualidade.

Freud a chamou de *superego*. Segundo ele, é uma espécie de juiz dedicado a zelar pela ética, pela moral e pelos bons costumes coletivos, a continuamente avaliar cada uma de nossas ações e pensamentos e que, caso encontre alguma não-conformidade, nos condena a duras penas.

Na posição diagonalmente oposta, na maior intimidade de nosso universo pessoal, estará outra divisão de nosso consciente, que é o *self*, também chamado personalidade, este sim, particular, individual, singular, necessário tripulante daquele navio. Na verdade, é seu capitão. *Freud* o chamou de semiconsciente. *Jung*, de inconsciente coletivo. Ao contrário da *persona*, esta fração nasce de dentro para fora e temos sobre ela amplo e total controle e autoridade. É nossa maior intimidade, nosso verdadeiro *eu*.

É o único que está, de fato, no momento presente. As outras frações do consciente estarão sempre no passado ou no futuro, o que as fará, aliás, tão frágeis e voláteis, vez que são meras projeções. Ele só se forma quando da adolescência, aos cerca de 12 a 14 anos, portanto. Na verdade, o processo de sua formação é o que vai caracterizar o turbilhão existencial que caracteriza esta fase de nosso desenvolvimento, tanto o orgânico quanto o psicológico.

Ainda na fração consciente temos uma terceira instancia, chamada *ego*. É quem *achamos* que somos, aquele(a) da fotinha postada nas páginas pessoais das redes sociais. Perceba aí a sutileza. *Persona* é o que *acham* que somos, ou o que devamos ser. *Self*, o que de fato somos. *Ego* é o que pensamos ou desejamos ser. *Freud* o chamou de pré-consciente.

Passamos a maior parte do tempo vivenciando e praticando o *ego*, particularmente as mulheres, que o têm muito ativo e proeminente, tendendo a prevalecer sobre as demais frações. Nos homens esta prevalência é do *self*, de forma geral. Em todos nós, a vivência predominante do *ego* pode ser tão forte que podemos até nos esquecer de nos conectarmos mais amiúde com o *self*, que pode assim até ir sendo perigosamente relegado.

Há uma quarta fração do consciente à qual chamei de *contrasself*, uma espécie de perturbador oficial do *self*, o habitáculo de nossas sombras, defeitos, pulsões e taras mais inconvenientes. Em conjunto com a *persona*, de quem se diferencia apenas por ser pessoal, interno, aparentemente não coletivo, nele estarão nossas pulsões negativas, aquelas que estarão continuamente a tentar nos puxar para trás, se opondo ferozmente às iniciativas do *self*, quaisquer que sejam, desde as mais corriqueiras até as mais complexas.

Enquanto o *self* se dedica a conceber e realizar planos e projetos, em quaisquer escalas, a burilar talentos, a produzir e cultivar saberes e quereres, o *contrasself*, sempre rabugento, primitivo e debochado, se esforça por lhe tirar os méritos e as razões, procurando sistematicamente minar as energias por ele direcionadas. É um verdadeiro brochante continuamente empenhado em nos drenar as melhores energias e iniciativas, em gerar e desenvolver as famigeradas crenças limitantes que tanto nos prejudicam.

Esta fração corresponde ao arquétipo da sombra preconizado por *Jung*, ou a resultante do mecanismo de projeção descrito por *Freud*, depositária das particularidades que, em geral, procuramos neutralizar, recalcar e ocultar.

O *contrasself* é a primeira fração a se formar em nossa *psiqué*, desde a mais tenra infância. Falar dele é falar das crianças em sua primeira infância, em seu absoluto egocentrismo e distanciamento da realidade. Seus atributos são exatamente os mesmos, elas não os ostentando, portanto, por maldade ou má índole natural , mas pelo primitivismo decorrente da escala normal de nossa evolução psicológica e cultural, gradual ao longo do tempo, inclusive pelo fato de ser completamente analfabeta e não dominar qualquer linguagem escrita ou falada, sequer a mais rudimentar, se comunicando apenas com as linguagens gestual e comportamental, exímia seguidora de exemplos que é.

Para onde for o *ego*, irá também o *contrasself*, como que por ele tutelado. Em geral, ambos serão subjugados satisfatoriamente pelo *self* ou até pelo *narciso*, a quinta fração, que passo agora a apresentar.

O narciso é uma fração curiosa, uma espécie de abre-alas, como que outra pessoa que vive em todos nós compartilhando a existência como parte de nosso verdadeiro bioma pessoal. Equivale a uma presença importante embarcada no navio. Será, aliás, sempre a primeira a chegar a onde quer que formos, caracterizada por sua vaidade exacerbada, egocentrismo e sarcasmo.

O encéfalo é a estrutura anatômica que dá base material a toda esta turma. É um sistema envolto pelos ossos e membranas do crânio *(meninges)*, do qual o cérebro é uma das várias partes, a mais externa em sua porção superior e lateral como um capacete, onde dois universos se encontram e convivem em sofisticada harmonia: o material, anatômico, orgânico, celulado, e o virtual, mental ou psicológico.

O primeiro se divide, basicamente, em *sistema reptiliano*, *sistema límbico* e *neocórtex*, em ordem crescente de formação na escala evolutiva, segundo a *Teoria do Cérebro Trino*, de *MacLean* [9].

A primeira fração anatômica a se formar, a mais antiga, é o sistema reptiliano, responsável pelas funções mais primitivas ligadas à sobrevivência direta, controlando o funcionamento vegetativo do organismo. Fica posicionado na nuca, em continuação ao feixe de nervos que se projeta da porção superior da coluna vertebral, depois de formar a parte mais interna do pescoço.

---

[9] *Paul D. MacLean (1913-2007),* médico e neurocientista norte-americano.

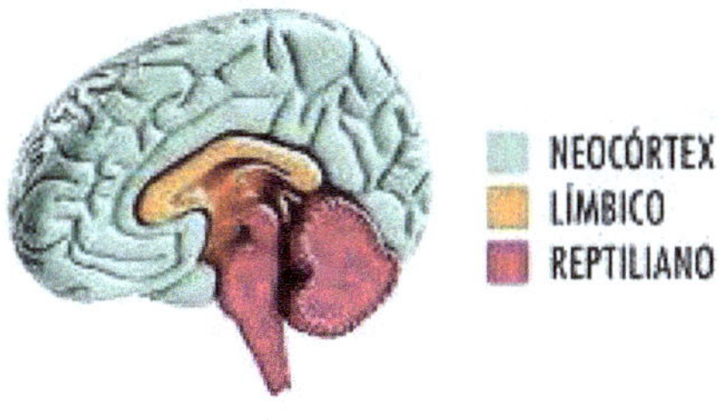

Fonte: Elaboração do autor

É uma região onde não se registram raciocínios mais elaborados, mas de onde partem as reações mais instantâneas, muito rápidas, se concentrando todo o tempo na sobrevivência direta, defesa e manutenção geral do organismo, ao qual serve de maneira solícita, incondicional e diuturna, como se fosse um agente de segurança, mordomo ou dedicada mucama.

Na parte oposta do encéfalo, na fração mais externa que o envolve como um capacete, temos o *neocórtex*, parte principal do cérebro, a formação enovelada que primeiro enxergamos a um exame visual, que usualmente o representa graficamente.

É sua fração mais recente do ponto de vista evolutivo, tendo se desenvolvido bem mais tarde que o restante do corpo humano, há cerca de180 mil anos, lembrando que nossa espécie tem cerca de 300 mil anos como tal, visando completar o sistema cognitivo e lhe prover de objetivo e função na criação, tal como hoje nos constituímos. Presumindo que nossa principal função no contexto amplo da natureza seja a geração, processamento e difusão de informações, e considerando que é nesta fração que estes sofisticados processos acontecem [10] , podemos considerar que para a existência e manutenção desta fração do encéfalo se resume todo o aparato orgânico longamente

---

[10] Detalho melhor este assunto em outro de meus livros, chamado *Algumas Hipóteses* (https://amazon.com.br)

concebido e construído pela natureza para lhe dar sustentação, mobilidade e suprimento de nutrientes e energia.

O *neocórtex* só estará completamente desenvolvido e consolidado entre os 4 e os 6 anos de idade, o que nos remete ao fato de que o encéfalo não está completamente formado logo ao nascermos. Trata-se de um processo gradual, que se passa ao longo da primeira infância, só se completando em torno dos 6 a 7 anos, do ponto de vista orgânico, não psicológico.

Se divide longitudinalmente em dois lóbulos. O esquerdo é afeto aos processos de elaboração e processamento da linguagem, dos cálculos, da resolução de problemas e das memórias de curto prazo, mais recentes. O lado direito se dedica ao processamento de imagens e sons, particularmente das músicas, às atividades que exigem destreza manual e ao exercício das intuições.

É onde habitam duas personagens ilustres: nossos *narcisos*, do lado direito, e nosso *self*, do lado esquerdo. Isto significa que o lado esquerdo do cérebro é onde devemos estar e existir de fato!

Abrindo aqui parênteses para evitar que se confundam meus leitores, quando digo diferentes personagens – *self, contrasself, ego* e *narcisos* – me refiro à alternância de frações de nós mesmos ao longo do tempo, de acordo com as circunstâncias e contingências, plurais que somos por natureza, como já disse. A rigor, todos somos a mesma "pessoa". O que muda é apenas a predominância de uma ou outra fração em determinados momentos, de acordo com as contingencias ou situações a que formos expostos ao longo dos dias e da própria vida. Esta pluralidade de existências e convivências, mais ou menos harmoniosas, se manifesta também em nosso aparato orgânico, já que de nossas quase 70 trilhões de células [11], apenas 40%, ou cerca de 30 trilhões delas, são realmente nossas, portadoras de nosso DNA exclusivo, o restante sendo microrganismos que conosco convivem em harmonioso mutualismo.

Uma grande multidão, portanto.

---

[11] https://www.youtube.com/watch?v=ewzt4u2nHqY

Entre estas duas frações do nosso encéfalo, o neocórtex e o sistema reptiliano, temos o *sistema límbico*, sede das emoções, sensações e intuições. É um recheio e tanto, que confere sabor, encanto, equilíbrio, harmonia e brilhantismo à nossa existência. Surgiu logo após a fração reptiliana na escala evolutiva, ao que parece para lhe prover de melhores mecanismos de defesa e outros aperfeiçoamentos que lhe trouxeram alguma sofisticação, tais como novas funções de sobrevivência e de interações sociais. É onde se concentram nossas memórias de odores e perfumes. Esta, aliás, é a razão de nos lembrarmos dos odores mais remotos de nossa primeira infância, da qual pouco ou quase nada nos lembramos com maior nitidez na idade adulta.

O *sistema límbico* é para onde as outras frações encaminham suas tarefas quando as pressões e estímulos externos demandam respostas desafinadas com suas vocações naturais, lógicas em um caso e de mera sobrevivência no outro. É o endereço preferencial de nosso *ego*, sempre escalado para lidar com situações pouco contrastantes, que exijam escrutínio, para o tratamento de dúvidas e ansiedades, para o processamento dos estímulos sensoriais enviados do meio ambiente e para negociações mais complexas tanto internas, com outras frações e instâncias psíquicas, quanto externas, a serem conduzidas com outras pessoas, circunstâncias ou fatores do meio ambiente.

Já temos o suficiente para seguirmos nesta leitura, por mais superficialmente que tenha aqui tratado este assunto tão amplo e complexo.

As premissas

Nesta seção vou apresentar algumas das mais importantes premissas nas quais me baseei para formular minha conjectura, 13 no total, visando compartilha-las para que cada um chegue a suas próprias conclusões.

Premissa 1: Evidências de natureza anatômica e fisiológica.

Pense em algo inútil, rigorosamente inútil. Um pente para carecas, uma escova de dentes para banguelas, um olho mágico em uma porta de vidro ou um boné para a mula-sem-cabeça, por exemplo. Brincadeiras à parte, será normal que inclua neste rol os mamilos que todos os homens temos, pelo menos por enquanto.

Por mais prosaico e discreto que seja este apêndice anatômico, passando desapercebido para a maioria das pessoas em suas correrias, como disse, foi o primeiro elemento que me despertou a atenção para a reflexão, ou gatilho inicial, que resultou na existência deste livro e na formulação desta hipótese.

Como já disse, há até homens capazes de produzirem leite! Leite paterno!

Da mesma forma, porque temos dois testículos, quando um já seria mais que suficiente para a produção regular de milhões de espermatozoides saudáveis? Não estaria aí mais um indício de sua derivação direta dos ovários femininos, como aqui presumo? Estes sim, precisam existir em dupla, de forma redundante, para assegurar a produção de pelo menos um óvulo por ciclo menstrual, de forma precavida por parte dos autores do "projeto" original. Assim um cobre a eventual falha do outro.

O que dizer da quase perfeita correspondência entre a estrutura do pênis e a do clítoris, tanto anatômica quando funcionalmente, incluindo o mecanismo das ereções em ambos os apêndices, baseadas no inflamento diferencial dos mesmos corpos cavernosos em dupla existentes em ambos?

Um exame comparativo mais detido das estruturas reprodutivas dos machos e das fêmeas não deixará dúvidas quanto à sua completa correspondência, a despeito das especializações funcionais típicas de cada variante sexual. Este fato sugere, portanto, que é pertinente considerarmos que ambas possam ter uma matriz comum, não só do ponto de vista embriogênico, mas também do ponto de vista evolutivo.

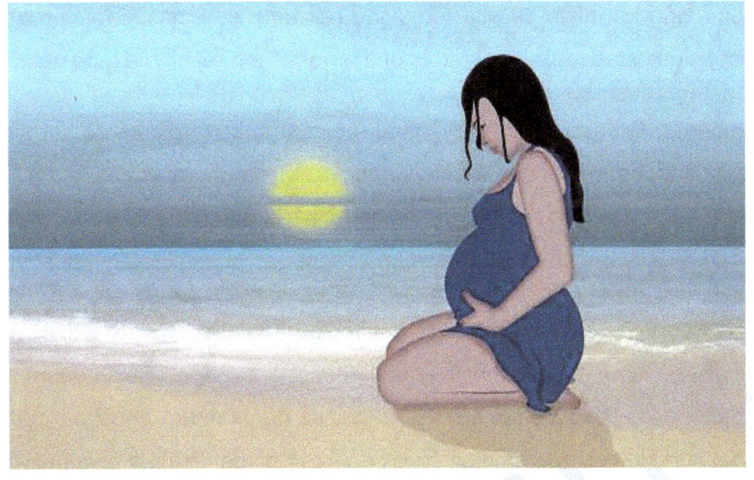

A presença de mamilos masculinos também é fato muito comum e conhecido no restante do reino animal, particularmente entre os primatas e demais mamíferos. Nenhum deles, no entanto, como em nossa espécie, é capaz de amamentar em condições normais. Em minha opinião, isto indica que podemos ter um mesmo "projeto" original. Também nestas outras espécies, trata-se de uma glândula completamente inútil.

Minha tese, por conta disto, se estende ao reino animal, não só à nossa espécie.

Os porcos, por exemplo, também têm mamilos como nós. Temos com eles 98% de semelhança genética, o que comprova que tivemos ancestrais comuns. Consequência deste fato é que já houve até transplante de coração suíno em um humano, que chegou a viver alguns meses normalmente com este órgão, tendo morrido por outras causas [12].

Muitos machos que hoje já não têm mamilos, como os ratos, o ornitorrinco e o cavalo, todos também mamíferos, os tiveram em sua embriogênese, mas foram

---

[12] https://jornal.usp.br/radio-usp/primeiro-transplante-de-coracao-de-porco-para-humano-e-realizado-com-sucesso/

destruídos logo no início de sua formação por uma determinada enzima. Pelo jeito, estas espécies estão mais adiantadas que a nossa em relação a este quesito.

Também é fato que no reino vegetal é extremamente comum o hermafroditismo, em que indivíduos fazem sua autofecundação. Mesmo nestes casos, há prevalência do caráter feminino nos respectivos sistemas reprodutivos, já que é neles que se desenvolverão os embriões, tanto nas angiospermas quanto nas gimnospermas.

Logo, também aqui fica evidente a mesma arquitetura geral do "projeto" reprodutivo das espécies, com a prevalência das fêmeas e o papel "secundário" do caráter masculino, neste caso como mero fornecedor de material genético complementar (*haplóide*) contido nos grãos de pólen. Toda a embriogênese e o desenvolvimento das sementes até sua liberação para o meio ambiente, já como material maduro, ocorrem no aparato feminino das espécies.

Premissa 2: Os *Guevedoces*

Guevedoces são pessoas que têm uma síndrome muito rara: os meninos nascem meninas e só se tornam meninos entre os 10 e os 12 anos, ambos com seus órgãos externos e internos perfeitamente formados e funcionais!

Não se trata de ficção, mas de uma síndrome real, documentada. Foi relatada pela primeira vez em 1974 por uma endocrinologista norte-americana chamada *Julianne Imperato-McGinley* [13], mas só em 2015 foi divulgada pela grande imprensa mundial. *Guevedoce*, no idioma da República Dominicana, onde é endêmica, quer dizer *menino aos doze*.

Iniciada a puberdade, com a revolução hormonal que a caracteriza, genitais e órgãos reprodutivos internos dos portadores desta síndrome atrofiam e se desenvolvem pênis e gônadas, que se tornam perfeitamente funcionais quando completado o processo. Na verdade, são meninos que nasceram meninas e assim

---

[13] https://vivo.weill.cornell.edu/display/cwid-jimperat#Authorship

permanecem até o início da puberdade, quando ocorre uma grande turbulência hormonal e, com ela, a reversão definitiva. Daí para frente, se tornam meninos normais, com sistema reprodutivo funcional como o de qualquer outro menino. Possuem, desde a concepção, a assinatura da masculinidade, que é o cromossoma *Y*, só presente nos homens.

É uma síndrome endêmica na região de *Las Salinas*, na República Dominicana, 1 a cada 90 meninos, e em algumas regiões da Turquia, Egito e Papua Nova Guiné. *Las Salinas* é uma pequena cidade de cinco mil habitantes que fica na província de *Barahona*, a sudoeste do país.

Esta síndrome pode ser uma vitrine da sequência aqui postulada, atestando o quanto pode ser reversível de maneira relativamente simples a sexualidade entre os humanos. É muito rara fora destas regiões, jamais relatada no Brasil, exceto em um romance que escrevi, apresentado ao final deste livro, chamado *Nascido Helena,* no qual esta síndrome serve de pano de fundo para uma saborosa trama ficcional.

Na espécie humana, no começo da vida intrauterina o feto não tem sexo. Mesmo já possuindo os cromossomas *XX*, nas mulheres, ou *XY*, nos homens, até as oito primeiras semanas de gestação, nenhum órgão sexual se desenvolve. Há na região genital apenas um tubérculo que tanto pode desenvolver um pênis ou uma vagina. O pênis e o clitóris têm nele a mesma origem anatômica, portanto. O que os diferenciará serão os hormônios sexuais, que, no caso do homem, provocarão a transformação do tubérculo em um pênis. Quem provoca isto é uma proteína que induz a formação da *dihidrotestosterona*, um hormônio derivado da testosterona. Mulheres não produzem este hormônio e, por isto, desenvolvem o clitóris.

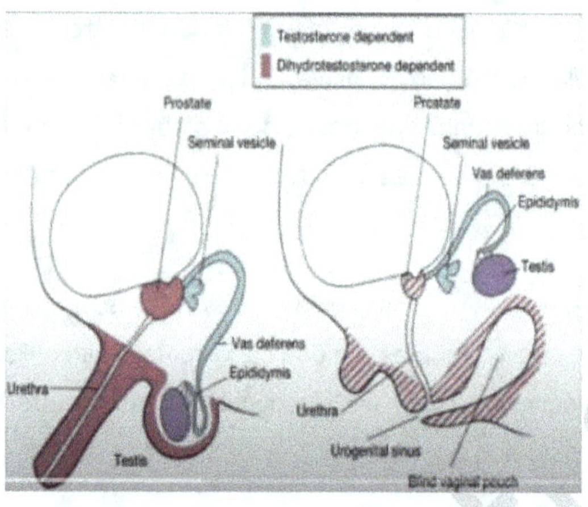

Fonte: https://steemit.com/life/@sava/amazing-facts-2-sex-change-niesamowite-fakty-2-zmiana-plci

Para os homens, então, a função do hormônio é desenvolver o pênis, entre outros efeitos, todos relacionados à masculinidade, como a formação de pelos pelo corpo, barba, bigode, engrossamento da voz, musculatura mais reforçada e vigorosa, por exemplo. Os meninos portadores desta síndrome, logo no início da infância possuem uma deficiência na produção da enzima *5-alfarredutase tipo 2*, que faz a conversão da testosterona. Sem conversão, sem pênis. E assim nascem as crianças com vagina, ainda que sejam meninos. No começo da adolescência, como qualquer outro menino, os *guevedoces* produzem uma alta dose de testosterona, que causa o crescimento dos pelos, suores mais intensos, fortalecimento de músculos e do desejo sexual. Nos *guevedoces*, todos esses sintomas são acompanhados pelo desenvolvimento tardio do pênis e dos testículos, iniciado com a produção daquela enzima. A partir daí, a maioria não possui mais problemas com os órgãos sexuais, que continuam se desenvolvendo normalmente até se estabelecerem de forma definitiva. A alteração, na verdade, não é exatamente uma mudança, mas sim uma continuidade.

Nas primeiras semanas da vida uterina, no feto, ainda nem homem nem mulher, os mamilos se desenvolvem da mesma forma, independentemente do sexo. Oito semanas após a concepção, os hormônios sexuais aparecem, junto com a atividade elétrica do sistema neural do feto, o que, afinal, é a chegada da vida propriamente dita ao novo indivíduo em formação. Se ele for geneticamente homem, portador do cromossoma *Y*, portanto, suas gônadas virarão testículos. Se for mulher, virarão ovários e os outros órgãos relacionados.

Por ser um menino nascido menina, é possível que o jovem tenha sentimentos ambíguos dali para frente, em função da discordância de sua identificação pessoal com seu corpo e seu papel social. A forma como ele vai atravessar esta fase delicada, seu equilíbrio emocional e estrutura psíquica vãoi depender muito do apoio e do acompanhamento que tiver em casa, mas ele vai tender sempre a se comportar como o menino que é.

Na República Dominicana os médicos tratam com muita naturalidade esta situação, por conta da alta incidência da anomalia. A sociedade local já lida com ela há muito tempo e não há segredos nem maiores traumas por conta disto. Os meninos até se divertem com a situação, se sentem valorizados com a condição e não sofrem qualquer tratamento diferenciado ou discriminatório por parte das famílias, dos colegas e do círculo social. Por assim dizer, é uma condição já precificada na região. Sequer alguma bulimia se observa por lá. Com o trabalho e as pesquisas da Dra. *Julianne,* muito já se esclareceu a respeito [14]. Como disse, em 2015 foi publicado o trabalho que melhor descreveu a anomalia [15]. Foram, portanto, 40 anos de estudos.

A enzima responsável por disparar a reversão definitiva foi confirmada como sendo a *5 alfa redutase tipo 2* e a síndrome como sendo autossômica recessiva rara. Com a alta endogamia observada na ilha, devida a casamentos consanguíneos, os genes recessivos se manifestam.

Esta proteína está no cromossoma *Y*, que é o que determina a masculinidade. Sua síntese, assim, é inibida nos *guevedoces* até os 12 anos.

---

[14] https://www.youtube.com/watch?v=mOHyJE2m73Y
https://www.youtube.com/watch?v=EPTXYlwLSH4

[15] https://weillcornell-primo.hosted.exlibrisgroup.com/primo-explore/openurl?sid=Entrez:PubMed&id=pmid:4432067&vid=WCMC&institution=01WCMC&url_ctx_val=&url_ctx_fmt=null&isSerivcesPage=true

No processo de transformação, os testículos derivam diretamente dos ovários e o pênis dos clitóris. Sua estrutura anatômica é, de fato, bastante semelhante, o que concorre diretamente para fundamentar a hipótese de trabalho com a qual estamos lidando neste livro, como acabamos de ver na premissa anterior.

A transformação mais radical é a internalização da uretra nos pênis/clítoris, que não ocorre nas fêmeas. Em alguns casos, inclusive, é necessária uma intervenção cirúrgica para assegurar o funcionamento regular do pênis.

Na nona semana, depois que as células produziram suficiente testosterona para gerar a *dihidrotestosterona (DHT),* é que o aparato externo começa a se formar. Assim segue até a 17º semana *(8 semanas após, portanto)*, quando a genitália externa estará totalmente formada. Na puberdade, pelo aumento da testosterona sérica e da concentração de DHT, uma injeção de *5 alfa redutase tipo 1* dará início à formação dos pênis, testículos e músculos típicos dos machos.

Desde crianças, os *guevedoces* se sentem atraídos por meninas. Sua sexualidade, portanto, independe do sexo biológico. Sua identificação sexual *(como se sentem)* e sua orientação *(por quem se sentem atraídos)* independe da criação e do meio externo. É nata!

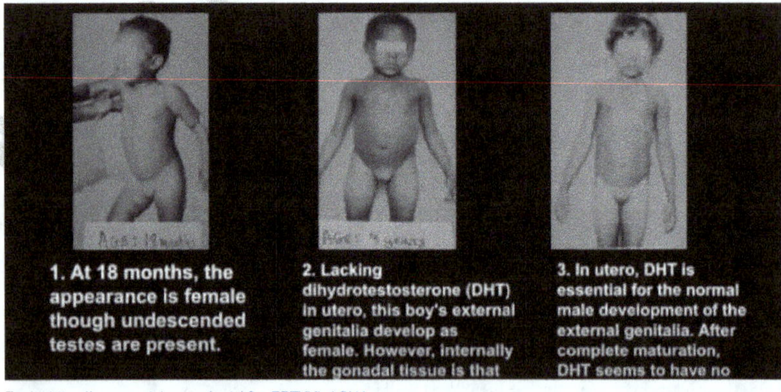

Fonte: https://www.youtube.com/watch?v=EPTXYlwLSH4

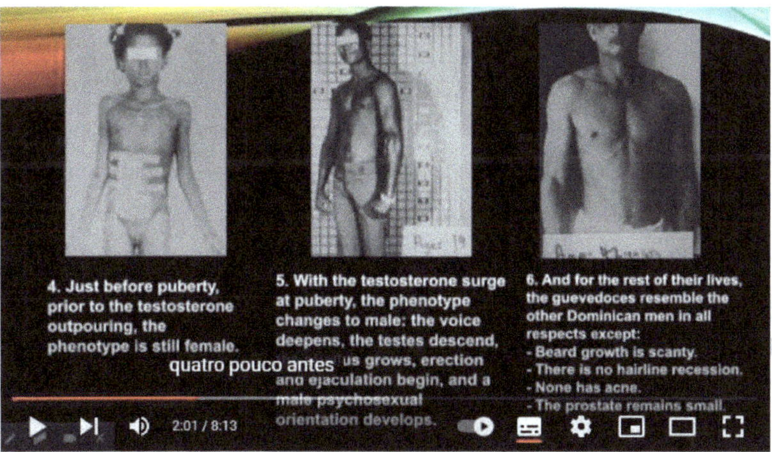

Como se vê nestas imagens, nos *guevedoces* adultos a barba cresce menos, não há recessão da linha do cabelo *(careca na testa),* não há incidência de acne e a próstata tende a ser menor que a normal.

Concluindo esta premissa, trouxe aqui estas informações para demonstrar aos meus leitores e leitoras o quanto é relativamente simples e factível a reversão morfológica dos sexos, ou, de forma bem humorada e tosca, o quanto é simples "fabricar" machos! Em tese, basta um tratamento à base daquela proteína, ou enzima, para promover a transformação em que se baseia minha hipótese. Neste caso, aliás, um processo que demanda meros 1 ou 2 anos, um piscar de olhos ao longo da duração normal do ciclo vital da espécie.

Em espécies onde a determinação sexual é genotípica, como a humana, o par de cromossomos relacionados ao sexo pode mudar facilmente ao longo do tempo conforme as necessidades ambientais e morfológicas 16, confirmando o quanto estas reversões são não só factíveis, mas relativamente comuns na natureza, bastando que

---

[16] https://blog.varsomics.com/cromossomo-sexual-curiosidades-mitos-e-verdades/

haja algum estopim ambiental, comportamental ou funcional para que se inicie um processo de reversão, ou seja, de geração de machos.

Muito antes de considerar esta rara síndrome como premissa decisiva para a formulação de minha hipótese, escrevi, como já antecipei, um livro a respeito, na forma de um romance inteiramente distópico chamado *Nascido Helena*, também apresentado ao final deste livro, em que o protagonista é um *guevedoce*, ainda que um caso curiosamente diferenciado. Não posso fazer comentários aqui para não incorrer em *spoilers,* mas se trata de uma leitura prazerosa e inesquecível, que tem feito muito sucesso entre seus leitores. Esta ficção, no caso do livro, e esta síndrome, na vida real, mostram o quanto uma mera anomalia fisiológica pode relativizar basilarmente os conceitos de sexualidade e de gêneros, atestando o quanto podem se resumir a meras reações bioquímicas as radicais transformações de sexos e gêneros, antes tidas por impensáveis.

Premissa 3 – Correspondências anatômicas até no nível celular

Existe uma enorme correspondência ou semelhança entre a conformação anatômica das células da membrana granulosa que envolve os ovículos femininos em relação aos espermatozoides, dos ovários em relação aos testículos e do útero em relação à próstata.

Podemos facilmente perceber que os ovários correspondem exatamente aos testículos na produção dos gametas femininos, os ovócitos, como atesta o caso dos *guevedoces*.

Minha tese é de que os grânulos que envolvem os folículos *(células foliculares)* que vão dar origem aos óvulos tenham se transformado em espermatozoides. Observe a figura em seguida [17]. As células foliculares apresentadas na foto, que formam a

---

[17] https://professor.ufrgs.br/simonemarcuzzo/files/sistema_reprodutor_feminino.pdf

membrana granulosa que envolve o ovócito, no passado poderiam ter fertilizado os próprios ovócitos haploides, realizando, assim, uma forma de autofecundação. Em algum momento, elas teriam adquirido caudas, se especializado e passado à fecundação cruzada, gerando variabilidade genética e especialização na forma da anatomia atual do macho, com suas funções características.

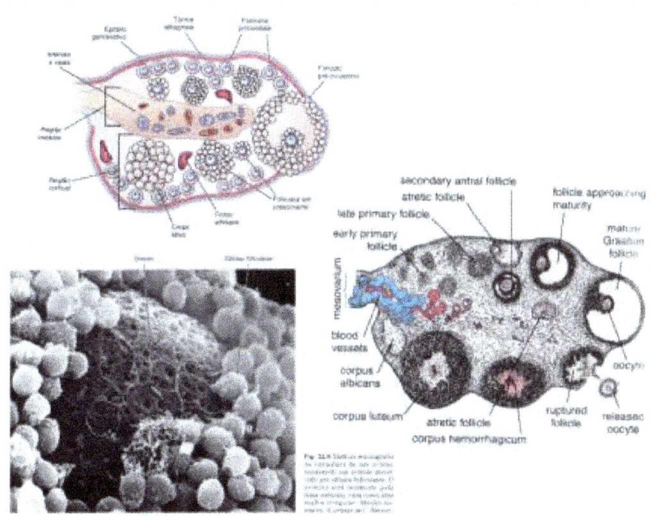

Fonte: https://professor.ufrgs.br/simonemarcuzzo/files/sistema_reprodutor_feminino.pdf

Assim se teria criado um mecanismo para fazer frente à consanguinidade e viabilizar as outras especializações dos machos à quais já me referi.

Estudos com camundongos demonstraram que quando inativado o gene *FOXL2*, as células granulosas, que auxiliam no desenvolvimento dos óvulos, se transformaram em células de *Sertoli*, que, por suas vezes, sustentaram o desenvolvimento dos espermatozoides [18]. Este fato atesta a procedência de minha postulação entre estes mamíferos.

Premissa 4 – *Lucy*, um fóssil de hominídeo fêmea de mais de 3 milhões de anos.

Pelo que sabemos [19], os humanos surgiram na África Oriental há cerca de 2,5 milhões de anos, no final do *Plioceno*, período que compreende entre 5 e 2 milhões de anos. Eram, provavelmente, *Homo habilis* evoluídos do *Australopithecus,* nosso ancestral símio. O *Homo erectus* evoluiu há cerca de dois milhões de anos, e foi a primeira espécie humana a caminhar erguida sobre os dois pés. Novas evidências indicam que ele viveu até pouco mais de 100 mil anos na Ilha de Java, na Indonésia, muito tempo depois de ter desaparecido de outros lugares onde predominavam florestas.

Cientistas do Reino Unido, Alemanha e China acreditam ter encontrado recentemente o ancestral mais antigo do ser humano. Trata-se do *Saccorhytus*, um animal microscópico descrito em pesquisa publicada na revista científica *Nature* como a fase mais primitiva de evolução que teria levado aos peixes e, consequentemente, ao ser humano.

Lucy é o nome dado a um fóssil que reescreveu a história da humanidade, talvez o mais famoso do mundo, também conhecido como *Dinknesh*. Nos últimos 40 anos, *Lucy*, descoberta na Etiópia, ajudou a formular a história da evolução humana.

---

[18] https://blog.varsomics.com/cromossomo-sexual-curiosidades-mitos-e-verdades/

[19] https://revistagalileu.globo.com/Ciencia/noticia/2017/01/o-ancestral-mais-antigo-do-ser-humano-foi-descoberto.html

Fonte: https://www.flickr.com/photos/brighton/8706710881/

Foi encontrado perto da aldeia etíope de *Hadar,* no *Afar Triangle*, que faz parte do Grande Vale do Rio Rift.

Estima-se que *Lucy* tenha vivido há 3,2 milhões de anos. Quando os seus ossos fossilizados foram escavados em 1974, ela foi aclamada como sendo o mais antigo humano primitivo – ou *hominin* – já encontrado. Os cientistas encontraram 40 por cento dos seus ossos, o que fez deste o esqueleto o mais completo de uma antiga espécie humana encontrada. *Lucy* pertencia a uma nova espécie que recebeu o nome científico de *Australopithecus afarensis*. Ao estudarem este fóssil, os cientistas puderam aprofundar muito seus conhecimentos sobre a evolução humana, por exemplo, em relação à forma como esses *hominins* se deslocavam. *Lucy* não era um macaco, já que se relaciona mais aos humanos modernos do que aos macacos. O estudo dos seus ossos mostrou que já era capaz de andar de pé, embora provavelmente se sentisse mais confortável dependurada nas árvores do que caminhando pelo chão. A julgar pelos dentes, pelo desenvolvimento ósseo e pelas vértebras, acredita-se que *Lucy* tenha sido um adulto jovem, mas totalmente maduro, quando morreu.

Donald Johanson e *Tom Gray*, os cientistas americanos que a encontraram, comemoraram a descoberta em seu acampamento ao som da música dos *Beatles*, *Lucy in the Sky with Diamonds*. Daí seu nome, hoje substituído por *Dinknesh*, que significa *Tu és maravilhosa!* em amárico, língua oficial da Etiópia. O nome *Lucy* ficou tão popular que *Dinknesh* é pouco conhecido fora do seu país de origem.

A história da humanidade, no entanto, ainda mantém muitos mistérios. As ligações entre os antecessores do ser humano moderno podem ser objeto de contestação. Nos últimos anos, depois de novas descobertas na Etiópia, o aparecimento de uma nova espécie na África do Sul criou agitação entre os estudiosos do assunto: estima-se que o novo fóssil lá encontrado, chamado *Homo naledi,* tenha vivido há 2,8 milhões de anos – apenas algumas centenas de milhares anos após *Lucy.* Mas a atribuição do *status hominini* – primeiros humanos que receberam o *status Homo* – é contestada. Quais serão as origens do *Homo sapiens* – o humano moderno, afinal: Marrocos, Etiópia, ou algum lugar fora da África? Ao olhar para trás, todas as novas descobertas parecem confirmar que os antecessores dos humanos modernos, qualquer que seja a sua cor, seriam mesmo africanos.

Os ossos fossilizados de *Lucy* estão escondidos do público em um cofre especial no Museu Nacional da Etiópia, na capital do país, *Addis Abeba*, mas os visitantes podem ver uma réplica de gesso dos 47 ossos que compõem o seu esqueleto no Museu Nacional, assim como em outros museus espalhados por todo o mundo. Além disto, o site *eLucy* tem digitalizações de todos os seus ossos. É ainda possível fazer comparações do esqueleto de *Lucy* com outros achados.

Depois de duas semanas de escavações sob o sol escaldante da Etiópia, uma equipe norte-americana de investigadores encontrou e extraiu várias centenas de fragmentos ósseos também pertencentes a *Lucy.* Como explica o professor etíope *Berhane Asfaw* [20], cerca de 40 por cento do seu corpo estavam preservados, o que permitiu aos cientistas conhecerem a sua biologia melhor do que a de qualquer outro fóssil da mesma época.

---

[20] https://carta.anthropogeny.org/users/berhane-asfaw

O entusiasmo que esta descoberta causou no mundo científico não se deveu apenas ao fato de terem sido encontrados dois quintos dos ossos de *Lucy*. Foram descobertos ossos fundamentais para compreender melhor a evolução da humanidade. Segundo *Robert Blumenschine* [21], do Instituto de Paleologia da África do Sul, a organização que financiou as escavações, além de restos da cabeça e dos dentes, que são muito importantes para sabermos mais sobre a dieta e o tamanho do cérebro desta criatura, *Lucy* tinha também partes importantes do esqueleto que mostravam que ela caminhava em duas pernas. Mas, apesar de andar como um humano, *Lucy* também tinha algumas características de macacos. Seus braços eram curvados e mais longos do que as pernas, o que indica que também escalava árvores. Tinha pouco mais de um metro de altura, nariz plano e a mandíbula inferior saliente como a de um chimpanzé.

Sua descoberta, juntamente com outros esqueletos dos primeiros seres humanos na África, parece mostrar que foi ali mesmo, naquele continente, que teria nascido a

---

[21] https://anthro.rutgers.edu/faculty/55-faculty/emeritus-faculty/86-robert-j-blumenschine

humanidade. Todas as características que nos distinguem dos nossos parentes vivos mais próximos, os chimpanzés, tiveram origem no continente africano, do bipedalismo à dependência da tecnologia, mas também os traços humanos essenciais: cérebros grandes, inteligência, o pensamento abstrato e o comportamento simbólico. Tudo isto são inovações africanas, que mostram que toda a humanidade parece ter mesmo tido origem africana, como disse *Blumenschine*.

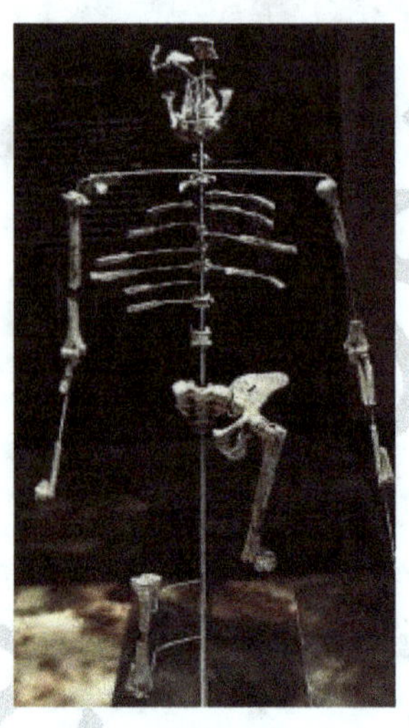

Fonte: https://pt.wikipedia.org/wiki/Lucy_(f%C3%B3ssil)

O esqueleto de *Lucy* ficou enterrado na areia durante três milhões e duzentos mil anos, e agora a ciência tem feito de tudo para dele extrair e divulgar o quanto antes todas as informações escondidas nestas ossadas.

Ele, no entanto, parece ter deixado de ser o esqueleto de hominídeo mais antigo já encontrado, depois da recente descoberta de um fóssil da espécie *Ardipithecus ramidus*, que viveu há 4,4 milhões de anos, também na África [22].

---

[22]
https://web.archive.org/web/20091005050149/http://ultimosegundo.ig.com.br/new_york_times/2009/10/02/novo+fossil+africano+substitui+lucy+como+esqueleto+mais+antigo+8723011.html

A propósito, também uma mulher, chamada *Ardi*.

O espécime, uma fêmea adulta, tinha cerca de 1,20 m de altura e pesava 55 quilos, quase 30 cm mais alto e duas vezes mais pesado que *Lucy*. Seu cérebro não era maior do que o de um chimpanzé moderno.

O hominídeo tinha agilidade para subir em árvores, mas já caminhava sobre duas pernas na vertical – inovação transformadora para os hominídeos – , mas não tão eficazmente quanto na família de *Lucy*.

Ardi tem braços maiores que as pernas, traço indicador de que até pouco antes – na ampla escala evolutiva, evidentemente – ela ainda se deslocava pelas árvores. O fato de não mais ter rabo e de estar em pé, atesta que esta opção pelas árvores deixou de prevalecer, provavelmente por falta de árvores. O jeito foi passar a se deslocar caminhando pelas estepes da África e de onde mais que conseguisse alcançar em sua ancestral curiosidade e propensão ao desconhecido. Nesta época, ao que tudo indica, ainda não existíamos os homens machos, que temos braços menores que as pernas, bem mais modernos que somos, já adaptados às caminhadas. Nossas gorduras e glúteos bem menores também apontam neste sentido. As árvores ainda hoje estamos cuidando de colocar em extinção, em nossa gigantesca estupidez comportamental típica da espécie. Neste ponto, a propósito, continuamos como algas flutuando nos oceanos.

Premissa 5 – Luzia, achado mais recente, também uma mulher.

O trabalho a que me refiro aqui [23] foi feito em conjunto pela USP, pela Universidade de *Harvard* e pelo Instituto *Max Planck*, da Alemanha. Alguns cientistas estavam estudando vestígios de nove ossadas humanas encontradas na região de Lagoa Santa, em Minas Gerais, quando acharam Luzia, a ossada de uma mulher que teria vivido há

---

[23] https://pt.wikipedia.org/wiki/Luzia_(f%C3%B3ssil)

mais de 11 mil anos e é considerada a primeira brasileira. É esta aí da imagem, que também mostra uma reconstituição provável de sua face.

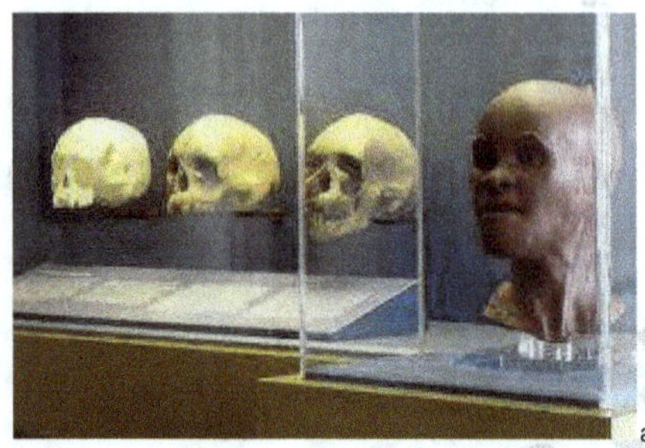

Fonte: https://www.museunacional.ufrj.br/dir/acervo.html

Em que pese o fato de este fóssil ser muito recente na escala evolutiva, menos que 12 mil anos, período em que, provavelmente, já tivesse tido origem a variante macho da espécie, temos aí mais um fato inconteste: pelo menos até o momento, o primeiro brasileiro também foi uma mulher!

Pena que a incúria de seus descendentes tenha se encarregado de destruir seus restos mortais em um ainda muito mal explicado incêndio, o ocorrido em 2018 no Museu Nacional, na Quinta da Boa Vista, no Rio de Janeiro.

Veja que os 3 mais antigos vestígios de ancestrais de nossa espécie, desde 3 milhões até 12 mil anos passados, são mulheres. Até agora, portanto, estes achados em nada ameaçam a procedência ou a validade de nossa hipótese de trabalho.

Premissa 6 – Semelhança nos conteúdos hormonais entre os sexos

À luz destas considerações [24], surge o seguinte questionamento: qual o motivo da mínima diferença que, em média, se observa entre homens e mulheres na concentração dos hormônios sexuais *(estradiol, progesterona e testosterona)*, especialmente deste último?

Em relação aos atributos básicos associados ao condicionamento físico *(resistência, força muscular e velocidade)*, o homem possui vantagens evidentes. Na flexibilidade a mulher é superior, mas os sexos são semelhantes no que diz respeito às capacidades coordenativas.

As principais diferenças ficam nos níveis de hormônios de ação colateral, como a prolactina, que estimula a produção do leite, e a citosina, que permite a saída do líquido, embora também presentes em ambas as variantes.

As concentrações de testosterona nos meninos e meninas quase não diferem até o início da puberdade. Sendo assim, o desempenho físico, principalmente no que se refere à força, é mais ou menos igual, comparável entre os sexos.

Após a puberdade, nos meninos a taxa de testosterona aumenta aproximadamente 10 vezes, enquanto nas meninas os níveis normais permanecem quase nos mesmos patamares.

Este hormônio é um fator importante para explicar a diferença de força muscular entre homens e mulheres, por conta de seu efeito anabólico na massa muscular [25].

Dada a relativa facilidade com que seus níveis oscilam levemente entre os sexos e a correspondência da sua ocorrência em ambos, o equilíbrio e as diferenças

---

[24]

https://www.scielo.br/j/bioet/a/cgJJxVznPR8Vg8QYhnBz55y/?lang=pt&format=pdf#:~:text=Desde%20a%20modernidade%2C%20a%20ordem,sobre%20uma%20interpreta%C3%A7%C3%A3o%20sexual%20dim%C3%B3rfica.

[25] https://favalefisicosaude.com.br/2018/06/18/diferencas-fisiologicas-e-fisicas-entre-homens-e-mulheres/

hormonais também mantêm de pé as bases de nossa hipótese de trabalho, em nada abalando sua coerência.

Premissa 7 – Cronograma de surgimento na escala evolutiva

É ilógico supor que as duas variantes de sexo tenham surgido exatamente ao mesmo tempo na escala evolutiva. Você acha razoável considerar esta possibilidade, já que esta escala já se alonga por 3 ou 4 milhões de anos, como vimos, desde que nossa espécie teve origem em seus precursores? Um tem que ter vindo antes do outro, necessariamente.

Este intervalo de tempo teria que ter sido de, no máximo, de 15 a 20 anos, ou uma geração, tempo necessário para que um adolescente macho se tornasse fértil. De onde teria vindo, quem o teria concebido e criado, já que nos primeiros anos de vida nossa espécie é inteiramente dependente dos cuidados maternos?

Como logo veremos, já que o cromossoma Y levou milhões de anos para se formar, ou muitos milênios no caso dos humanos, não faz qualquer sentido considerar alguma concomitância no surgimento de ambas as variações de sexo!

É impossível que o homem tenha vindo antes da mulher, já que não tem útero nem o sistema reprodutor completo. Caso contrário, todas as espécies animais já teriam sido extintas.

Como a gestação normal é impossível nos homens, conclui-se que...

Para que tudo isto faça sentido, até muito recentemente na escala evolutiva as mulheres têm que ter sido capazes de se autofecundarem, ou, como disse, de cruzarem com outras fêmeas capazes de gerar espermatozoides. Esta é uma dedução elementar, diretamente derivada deste raciocínio simples. Já trataremos deste assunto.

Premissa 8 – Correspondências anatômicas

Como já questionei antes, porque temos dois testículos? Dada sua elevada produtividade de espermatozoides, um único já seria suficiente, com folga, para fecundar um único óvulo. Pode ser, então, que correspondam exatamente aos ovários.

Sua descida da região abdominal até o escroto é um processo natural que ocorre em quase todos os meninos nos primeiros 6 meses de vida. Quando isto não acontece, como em cerca de 4% dos casos de parto normal ou 45% dos partos prematuros [26], no que se chama *criptorquidia*, pode ser necessário um tratamento específico. O fato é que os homens com esta anomalia não são, necessariamente, inférteis. Pode até ser que, no futuro, todos nasçamos *monorquídicos*, ou seja, com um único testículo.

O fato aqui é que, ao aceitarmos a possibilidade da *Protoginia* Humana, se aceite em adição que a variante macho da espécie seja uma construção muito recente ainda em pleno processamento, não conclusa, do que podem ser sinais evidentes a existência dos mamilos e, eventualmente, de dois testículos derivados dos ovários originais, entre os vários outros eventos aqui já elencados.

Premissa 9 – Defasagem na maturidade sexual

A maturidade sexual das meninas ocorre cerca de 4 anos antes que a dos meninos *(8 x12 anos)*. Porque esta defasagem tão significativa? Sugere que deve ter mesmo havido a possibilidade de autofecundação ou intercruzamento ao longo de todo este período no passado, senão esta grande antecipação da maturação sexual não faria sentido. O que quero dizer é que, se fossemos feitos para iniciarmos a atividade reprodutiva ao mesmo tempo, esta defasagem não existiria. Já que não é o caso, porque antecipar tanto a maturidade das fêmeas? Logo, alguma autonomia reprodutiva tem que ter havido.

---

[26] https://urocentro.com/se-o-homem-tem-apenas-um-testiculo-ele-e-infertil/

Premissa 10 – Semelhanças nos ciclos hormonais

Os machos também temos ciclos hormonais bem definidos, principalmente da testosterona, embora não tão regulares e sofisticados quanto o das fêmeas, que resulta no ciclo menstrual. É mais pronunciado ao longo do dia *(mais testosterona pela manhã)* do que ao longo do mês, podendo ser notado em períodos de 4 a 12 semanas.

Este pode ser um sinal de sua autonomia e grande eficiência reprodutiva, não dependendo do sexo oposto para cumprir seu papel. Por isto podem ter milhares de filhos e permanecerem incólumes e saudáveis fertilizando muitas mulheres ao longo de seus ciclos férteis. Este, aos olhos de nossa hipótese de trabalho, pode ser um sinal de sua especialização na função reprodutiva, entre as outras já citadas, além da semelhança fisiológica com suas supostas matrizes do sexo oposto.

A TPM masculina [27], também conhecida como *síndrome do homem irritável* ou *síndrome da irritação masculina*, é uma situação em que os níveis de testosterona no homem diminuem consideravelmente, influenciando diretamente no humor. Essa alteração não acontece em períodos regulares como nas fêmeas, mas é diretamente influenciada por situações de estresse e ansiedade, como acontece em alguns casos de doenças, preocupações ou períodos pós traumáticos, por exemplo. De qualquer forma, é mais uma semelhança patente entre as duas variações de sexo da espécie, mantendo a possibilidade de sua origem comum e de sua diferenciação recente.

---

[27] https://www.tuasaude.com/tpm-masculina/

Premissa 11 – Diferenças em alguns índices anatômicos

A densidade corporal é menor nas mulheres, mostrando que elas são mais adaptadas à água – nosso *habitat* primordial –, como confirmam os melhores índices em natação delas que os deles, quando isolamos este quesito.

Fonte: https://pixabay.com/pt/vectors/poligonal-rosto-pol%C3%ADgono-f%C3%AAmea-4338743/

Com maior quantidade de gordura e estrutura óssea, em média, mais leve, as mulheres apresentam menor densidade corporal, e, em associação com o maior volume do tronco, elas possuem maior capacidade de flutuação. A posição mais baixa do centro de gravidade do corpo e o comprimento relativamente maior do tronco proporcionam melhores condições para a natação e, além disto, quando comparadas às dos homens, as pernas mais curtas e mais leves das mulheres afundam menos facilmente. Com isso, ocorre menor necessidade de força muscular para manter uma boa posição de nado. Daí o fato de as diferenças de desempenho entre homens e mulheres nas provas de natação serem menores que em outros esportes [28].

---

[28] https://favalefisicosaude.com.br/2018/06/01/diferencas-fisicas-entre-homens-e-mulheres/

Na maioria dos esportes, no entanto, as diferenças entre índices anatoômicos entre as variantes sexuais deixa evidentes algumas especializações, talvez decorrentes das diferenças de peso e massa muscular, não inviabilizando em nada a procedência de nossa hipótese de trabalho.

Premissa 12 – O Cromossoma *Y*

A época de surgimento do cromossoma *Y* nos humanos é o ponto central de sustentação desta hipótese. Em aves e mamíferos ele teria surgido muito antes do que na nossa espécie, entre 180 e 140 milhões de anos, em 3 diferentes momentos, primeiro em mamíferos e marsupiais, depois em mamíferos monotremados *(ornitorrincos, que põem ovos)* e depois em aves [29].

Já nos humanos e em nossos ancestrais mais próximos, o *Y*, tal como se apresenta hoje, teria surgido entre 60 e 340 mil anos [30,] apenas, dependendo dos autores. Logo, muito depois da *Lucy* e de várias outras espécies que já tinham se arranjado em agrupamentos machos/fêmeas, eventualmente pares. Logo, o dimorfismo sexual no reino animal parece ser muito anterior ao surgimento dos homens da nossa espécie.

Basicamente, o que parece ter acontecido é que um determinado cromossoma *X*, entre os 23 pares então existentes nas mulheres, teria iniciado um processo de dilapidação radical de mais de 90% dos genes que portava, mais de 1400, até chegar a uma estabilização com apenas os 100 ou 200 genes atualmente remanescentes [31]. Isto causou uma redução drástica de seu tamanho, peso e volume.

Enquanto acontecia esta erosão genética, os genes perdidos não teriam efeito direto e isolado sobre o perfil sexual da espécie. Esta especialização, no caso dos

---

[29] https://cientistasdescobriramque.com/2014/11/23/origem-e-evolucao-funcional-dos-Cromossomas-y-em-

[30] https://evolucionismo.org/rodrigovras/supresas-sobre-as-origens-do-Cromossoma-y-humano/

[31] https://www.dn.pt/ciencia/estudo-preve-extincao-do-sexo-masculino-em-5-milhoes-de-anos-3154940.html#error=login_required&state=53a42ec0-264c-47d2-b1e7-ee9ee86085bf

humanos, só deve ter se dado muito recentemente nesta escala, razão de ainda termos, os homens, mamilos, 2 testículos e outros indícios como os aqui apresentados.

Como sua existência e estabilidade são condições *sine qua non* para a diferenciação do macho, a defasagem de tempo entre sua formação em relação à formação dos cromossomas X torna a aceitação de nossa hipótese uma quase obrigação, a não ser que se disponha de novas informações que contradigam o cronograma geral aqui apresentado, como deduzido e informado por inúmeros cientistas e estudiosos do assunto ao longo das últimas décadas.

A eventual ausência do cromossoma Y (*Síndrome de Turner*) não inviabiliza a vida, ainda que ela se torne bastante problemática nas mulheres portadoras. Já a ausência do cromossoma X no par sexual a inviabiliza completamente [32] . Também aqui se percebe a prevalência do caráter feminino sobre o masculino em nossa espécie.

Em resumo, como o cromossoma Y é um X erodido, se algum processo fosse capaz de lhe restituir os genes perdidos, ao voltar à condição de X o portador macho voltaria à sua condição de mulher, ou seja, como todo Y veio de um X, todo homem há que ter vindo de uma mulher, que é exatamente a nossa hipótese.

Premissa 13 – A ejaculação feminina

Entre 10 e 20 por cento das mulheres ainda ejaculam durante o orgasmo. Este percentual varia muito de acordo com os autores.

Há duas formas diferentes de ejaculação feminina: a que esguicha um grande volume de fluido incolor e inodoro, e outra que emite um fluido mais denso, bem assemelhado ao sêmen, esbranquiçado e espesso.

A quantidade lançada durante uma ejaculação feminina (*squirting*) também apresenta variações. Pode ir de 0,3 a 5 ml. Mulheres que expelem volumes muito

---

[32] A Síndrome de Turner ocorre em apenas 1 mulher a cada 3.000 nascimentos, devido ao grande número de abortos que chega a índices de 90 a 97,5%. A síndrome pode ocorrer quando está ausente o cromossomo x paterno no espermatozoide.

maiores que este, aliás, devem ser avaliadas por um uroginecologista, pois pode se tratar de incontinência urinária.

Ficou na dúvida se o que expeliu foi urina ou ejaculação? A dica é simples: basta cheirar e avaliar se tem odor característico de urina.

Este líquido é produzido nas glândulas de *Skene*, também conhecidas como *próstatas femininas*, posicionadas dos lados direito e esquerdo da uretra. É possível visualiza-las com um espelhinho, 2 ou 3 pequenos orifícios bem ao lado da uretra.

Diferentemente do que muitas pessoas pensam, esse líquido não é propriamente urina, apesar de conter algumas substâncias presentes nela, como creatinina e ureia.

Além destas substâncias, a ejaculação feminina contém outras também presentes no sêmen masculino, como o antígeno específico da próstata *(PSA)* e a fosfatase ácida da próstata.

Este fluido também contém frutose, um tipo de açúcar produzido no organismo, que dá um gosto doce a este líquido.

Como nem todas as mulheres ejaculam, não existe uma forma de fazer com que todas o consigam. No entanto, ao conhecerem melhor o seu corpo, seus desejos e o que exatamente funciona para a sua excitação, as chances de se exercer comando sobre este processo crescem consideravelmente [33].

O fato de não ejacular não está ligado à falta de estímulos ou incapacidade de ter um orgasmo que propicie esse *clímax*. A maior parte dos casos de mulheres que não conseguem ejacular está ligada ao não funcionamento da glândula de *Skene*. A existência dessa estrutura, na verdade, é um resquício embriológico que já deveria ter sido extinta, já que não há razão objetiva para este fluido existir, nem como lubrificante, já que é expelido após a penetração peniana, nem como veículo de células reprodutivas ou algo que o valesse.

---

[33] https://www.aliraclinica.com.br/como-e-a-ejaculacao-feminina

Há ainda uma possibilidade pertinente à nossa reflexão.

Qual a razão de existir o hímen? Porquê, à luz da *Hipótese da Protoginia*, manter o isolamento ou a proteção da cavidade vaginal, fadada a ser rompida por ocasião do defloramento previsto para a fêmea ou do trabalho de parto daí decorrente?

O rito sugerido de intercruzamento pela eventual transferência manual de líquido espermático entre diferentes mulheres *(coito homossexual, eventualmente acompanhado de prazer erótico tal como hoje experimentamos e tanto prezamos)* pode oferecer uma resposta a esta questão. O hímen teria, ainda na ausência dos machos, com seus pênis que mais tarde entrariam em cena no processo, a função de melhor reter este líquido no interior da cavidade vaginal para aumentar as chances de autofecundação. Talvez fosse mesmo um ritual de iniciação da virgem nesta variante de copulação a ser conduzido por uma "madrinha" ou até pela própria mãe da jovem.

A favor desta possibilidade também concorre o fato de ser perfeitamente possível a introdução de uma mão na cavidade vaginal, eventualmente posicionando algum conteúdo próximo à cérvice *(entrada do útero)*. A pequena quantidade de líquido expelido neste processo, de 0,3 a 5 ml *(6 a 100 gotas, aproximadamente)*, semelhante à de esperma expelido a cada ejaculação masculina, de 2 a 5 ml *(40 a 100 gotas, idem)*, também é compatível com esta possibilidade, podendo ser perfeitamente veiculada manualmente.

Também a existência e posicionamento do chamado *Ponto G*, apesar de toda a controvérsia que ainda acompanha sua existência, parece apontar para esta possibilidade, ao ocasionar a eventual excitação manual cruzada entre as fêmeas primordiais, lembrando que, neste caso, a posição deste sensor erógeno não faria sentido, já que então ainda não havia o coito intersexual nem a participação zelosa de um pênis no processo, na inexistência dos machos àquela altura.

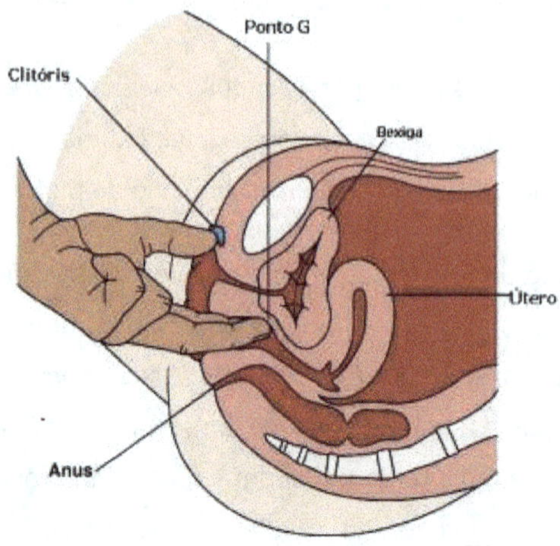

Fonte: https://cromossomoy.com/artigos/como-descobrir-ponto-g

Ainda que a autofecundação seja uma alternativa rara entre os animais, atualmente observada apenas em alguns vermes *(minhoca e algumas tênias)*, tantas são as formas de fecundação na natureza em todos os reinos, de forma autônoma ou cruzada, como também de gestação, intra ou extra corpórea, que mais esta não seria nenhuma surpresa ou anomalia. Também neste ponto, a natureza parece dispor de um imenso e efervescente campo de estudos e experimentações ao longo de todo o bioma disperso pelo planeta. Um imenso laboratório de testes em plena atividade.

Com o início do processo de formação do macho, a partir do início da degeneração dos cromossomas X em Y, o hímen teria ido formar a primeira das paredes do saco escrotal, a mais interna. Este apêndice, aliás, apresenta 3 paredes, que correspondem exatamente ao hímen, aos pequenos e aos grandes lábios das fêmeas primordiais, respectivamente, que evidencia também a costura externa do escroto *(rafe)*, que remanesce da união e fechamento dos grandes lábios.

Não custa reforçar que o *squirting* é um fenômeno que não tem função no coito propriamente dito, já que não serve para lubrificar, vez que ocorre, via de regra, após a penetração do pênis, nem para veicular gametas ou assemelhados, como nos homens, em que a ejaculação visa colocar os espermatozoides em posição mais competitiva para atingir o óvulo da vez, como já mencionei.

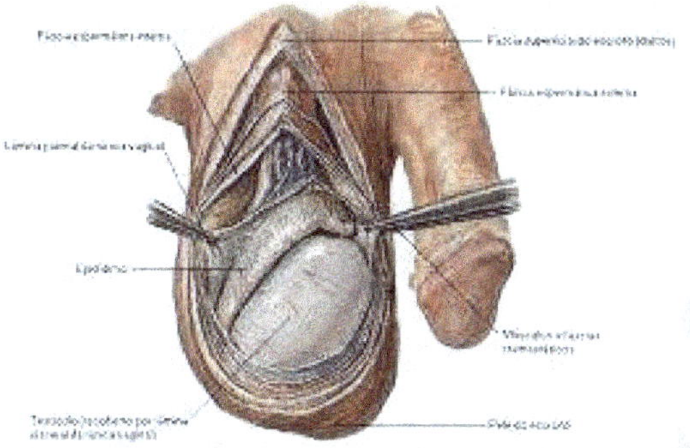

Esta irregularidade de ocorrência aponta para sua inutilidade funcional para o ato da cópula. Logo, podemos presumir que também se trate de um processo em extinção no organismo feminino, ainda não totalmente eliminado, provavelmente por ser esta extinção um processo gradual ainda em pleno curso, tal como no caso dos dentes molares e dos aqui tão citados e intrigantes mamilos nos machos, já que ocorre em apenas 10% das mulheres [34], um grupo de sorte, porque há unanimidade nos relatos de que é um evento que gera grande prazer e sensação de conforto nas mulheres que o encaram com naturalidade.

Alguns elementos da convivência e comportamento social também merecem reflexões desta natureza e podem ser aqui elencados, sempre apontando para o acerto e pertinência da possibilidade que aqui examinamos.

---

[34] https://glamour.globo.com/lifestyle/amor-sexo/noticia/2022/09/squirting-estudo-revela-que-principal-componente-da-ejaculacao-feminina-e-urina.ghtml

A natural e espontânea afinidade e intimidade que as mulheres têm entre si desde a primeira infância, por exemplo, pode ser mais um traço de sua longa e "já precificada" convivência. É mais comum que vejamos meninas hetero de mãos dadas que meninos hetero de mãos dadas! Pode ser mesmo que no início a reprodução fosse feita por relações homossexuadas, para que se mantivesse alguma variabilidade genética em sua descendência. Caso contrário seríamos todos loiros e de olhos azuis, ou seja, mais caucasianos que negroides. Trocas de peças de roupas, de afetos em público e natural intensidade e frequência de contatos físicos também são práticas sociais comuns e espontâneas, e também podem apontar neste sentido.

Fonte: https://pixabay.com/pt/vectors/mulher-sombra-f%C3%AAmea-jovem-modelo-3156846/

Livre pensar é só pensar, como disse o saudoso Millôr Fernandes. Não se pode sair da caixinha sem algum grau de atrevimento e esforço imaginativo, mas, que não se procure coibir este saudável exercício, senão com contra-argumentos qualificados, objetivos, sustentáveis e bem intencionados, como típicas antíteses, como preconizaram Hegel e Sócrates, entre outros.

Como já disse, muitas discussões ou contestações cabem aqui. Uma delas, por exemplo, já feita a mim, é que o simples fato de termos mamilos nada implica senão no fato de que nosso aparato biológico seria uma espécie de "estrutura flex" que, na embriogênese, tanto pode desenvolver um corpo do sexo feminino quanto do masculino. Haveria mesmo que dispor desta flexibilidade, já que a matriz é a mesma para ambas as possibilidades, só ocorrendo a diferenciação por volta da sétima semana, como também já disse. Caso contrário, seria necessário haver dois tipos diferentes de matrizes, ou embriões, um para cada sexo, que, neste caso, teria que ser pré-determinado já desde a concepção. São argumentos de difícil contestação já que nenhum de nós estávamos presentes quando da concepção deste projeto estrutural.

Mas, o que dizer da natureza do cromossoma Y, um mero X deteriorado?

Como este processo de deterioração tem que ter ocorrido ao longo de muitos milhares de anos, fica evidente que não poderia ter havido machos durante todo este tempo, pelo menos como hoje nos apresentamos em nossa matriz genética. Acho que só esta dedução já pode pôr fim a qualquer dúvida em relação à procedência de minha hipótese.

Algumas decorrências

Há muitas decorrências da aceitação deste postulado, com maior ou menor potencial explosivo sobre as bases de nosso repertório de conceitos em torno deste assunto. Vou trazer aqui apenas algumas poucas, deixando ao leitor a formulação de tantos outros possíveis reflexos. Na verdade, para onde quer que se olhe, haverá um deles em nosso tecido social e em nosso dia-a-dia, seja no âmbito comportamental, no político, no religioso, em particular, e até no corporativo.

Ainda não achei uma única reentrância sequer de nossa realidade que não seja afetada, ou mesmo elucidada, direta ou indiretamente, a partir desta aceitação.

Decorrência 1 – Manifestação de genes recessivos

Há apenas 45 mil anos a Terra estava em plena Era do Gelo. Embora o núcleo de gelo da Groenlândia mostre algumas oscilações climáticas rápidas nesse período, incluindo alguns breves aquecimentos, não está claro se esses eventos afetaram o restante do planeta.

Em 2017, em um estudo realizado por pesquisadores do Instituto *Max Planck* [35], foram reconstruídas as temperaturas na África Oriental durante as principais migrações para fora do continente, iniciadas cerca de 65 mil anos antes. Há cerca de 70 mil a 40 mil anos, as temperaturas da superfície do mar na costa leste da África eram realmente baixas, as mais frias em 200 mil anos. Foi quando o *Homo sapiens* teria migrado para fora da África, durante este período excepcionalmente frio e seco. Há evidências arqueológicas que dão suporte a esta inferência.

Por conta da necessidade de abrigo contra o frio, nos países onde neva no inverno as mulheres haveriam de permanecer por longos períodos no interior de seus abrigos, fossem cavernas, acidentes topográficos ou outras estruturas assemelhadas, naturais ou não. Só as que conseguiram melhor se proteger sobreviveram.

Por conta da necessidade de recolhimento em pequenos agrupamentos sociais ou familiares daí resultantes, se criavam condições para a ocorrência de altas taxas de endogamia, ou consanguinidade, restringindo a variabilidade genética nos grupos que dividiam o mesmo abrigo, ocasionando a manifestação de genes recessivos sobre as características que determinavam, particularmente as morfológicas e as anatômicas, sobre suas descendências.

Isto sendo verdade, os países do hemisfério norte, onde os invernos são bem mais rigorosos, haveriam de ostentar traços característicos determinados por genes recessivos entre suas populações. Tal parece ser exatamente o caso, ainda mais

---

[35] https://gizmodo.uol.com.br/como-os-primeiros-humanos-suportaram-o-frio-da-europa-apos-a-era-do-gelo/

quando consideramos que podemos ter passado por um forte Período Glacial há apenas cerca de 10 mil anos [36], um piscar de olhos na escala evolutiva.

Algumas características expressas apenas nos genes alelos recessivos, parecem suportar esta possibilidade: nariz reto, lobo da orelha colado, queixo sem covinha e reto, **lábios finos, cabelo louro e ruivo, olhos azuis,** incapacidade de enrolar a língua, dedos mindinhos e polegares retos, alta frequência de canhotos *(canhestros)* e tipo sanguíneo negativo.

Como se vê, todos estes traços correspondem exatamente ao fenótipo típico dos povos do norte, caucasianos. Ainda neste sentido, doenças ocasionadas por genes

---

[36] O último período glacial, também referido como *Idade do Gelo, Glaciação Wisconsin, Glaciação Würms, Würmiano ou Laurenciano,* é a designação dada ao último episódio de glaciação da Terra registrado durante a presente idade geológica. Teve lugar na última parte do Pleistoceno, de aproximadamente 110 000 a 10 000 antes do presente, e é a mais conhecida das glaciações de reflexos antropológicos.

recessivos deverão, neste caso, ter maior incidência entre estes povos. É exatamente o que ocorre com anomalias como o daltonismo e o albinismo.

O daltonismo afeta um grande número de indivíduos. Os de ascendência norte-europeia, assim como 8% dos homens e 0,4% das mulheres, sofrem desta deficiência congênita na percepção das cores [37].

A simples diferença entre estas taxas, 20 vezes maior os homens, também pode estar relacionada com a nossa hipótese. A incidência é maior em grupos mais isolados, com um *pool* genético mais restrito, como aventado em nossa hipótese de trabalho. Exemplos são a parte rural da Finlândia, Hungria e algumas das ilhas escocesas. Nos Estados Unidos, cerca de 7% da população masculina, aproximadamente 10,5

---

[37] *Chan, Xin; Goh, Shi; Tan, Ngiap (2014). «Subjects with colour vision deficiency in the community: what do primary care physicians need to know?». Asia Pacific Family Medicine. **13** (1): 10.*

milhões de homens, e 0,4% da população feminina, não conseguem distinguir o vermelho do verde, ou ver vermelho e verde diferentemente de como os outros veem *(Instituto Médico Howard Hughes, 2006)* [38]. Tudo isto coaduna com nossa hipótese em relação à eventual autofecundação ou intercruzamento entre as *mulheres das cavernas*. Neste caso, claro, focando o isolamento, não a diferença entre gêneros, já que esta anomalia irá se relacionar mais aos cromossomas X que ao Y, que ainda não estaria consolidado no período aqui focado.

O mesmo parece acontecer com o albinismo [39], embora os dados sejam mais imprecisos. Mesmo assim, sabe-se que na Holanda há cerca de 1 albino para cada 12 mil pessoas, 1 para cada 5 mil na Irlanda do Norte, enquanto na África este número fica em torno de 1:15 mil, segundo a fonte indicada.

Esta menor incidência na África pode ocorrer por conta do clima menos restritivo aos deslocamentos de suas populações, que lá teriam mais liberdade de se locomoverem geograficamente e evitarem o isolamento decorrente frio e das tormentas. Também aqui, é exatamente este o caso, onde as características anatômicas determinadas por genes dominantes prevalecem, como, por exemplo, o nariz aquilino, o lobo da orelha deslocado, queixo com covinha e prognato, **lábios grossos, cabelo escuro,** calvície proeminente, **olhos escuros**, capacidade de enrolar a língua, dedo mindinho e polegares curvados.

Exceto pelo formato típico dos narizes, mais reto que aquilino entre os negroides, estes traços fenotípicos coincidem exatamente com os dos povos tipicamente tropicais.

Para que isto seja mais exato, a se considerar procedente minha hipótese, deve ter havido alguma forma de intercruzamento genético entre as fêmeas primordiais, tipicamente nômades, de forma a minimizar a endogamia e promover a desejável

---

[38] https://pt.wikipedia.org/wiki/Daltonismo

[39]
https://www.ohchr.org/sites/default/files/Documents/Issues/Albinism/Albinism_Worldwide_Report2021_PT.pdf

variabilidade necessária para o sucesso evolutivo da espécie, como comumente acontece na natureza.

Como vê, aqui sigo produzindo conjecturas apoiadas em fatos, como a todos facultado por nossos sofisticados atributos cognitivos, que conduzem ao livre observar e pensar. Que o digam os filósofos gregos, desde a antiguidade clássica.

Decorrência 2 – Sobre a Homossexualidade

Aqui pode estar uma possível origem para a homossexualidade. Senão vejamos:

Conjectura 1 – Os homens seríamos, por tudo que vimos, uma subespécie, ou uma espécie derivada das mulheres. Na verdade, indo um pouco mais fundo nesta reflexão, todos seríamos mulheres, os homens apenas mulheres especializadas na provisão, na defesa e na procriação. A virilidade masculina seria, neste caso, uma mera vaidade em tudo improcedente e convencional. Uma convenção que colou.

Conjectura 2 – Os homossexuais machos seriam uma persistência transitória do sexo passado.

Conjectura 3 – As homossexuais fêmeas seriam um adiantamento em relação à evolução anatômica, mentes ou entidades psicológicas que teriam se adiantado à diferenciação sexual de seus corpos.

Conjectura 4 – Com base nestas 3 conjecturas, como nossa existência psíquica é nitidamente distinta de nossa existência material, orgânica, é previsível que eventos distintos possam, como neste caso, se defasar no tempo.

Esta distopia parece apontar para a possibilidade de a homossexualidade ser uma manifestação fadada à extinção tão logo se consolide a especiação neste quesito, o que seria uma ótima notícia para os LGBTQIA+, já que em breve todos poderemos ter nossos gêneros afinados a nossos sexos de nascimento, ou seja, homens nascendo e vivendo felizes como homens e mulheres como mulheres, da mesma forma.

Longe de insinuar que a homossexualidade seja uma anomalia ou um desequilíbrio comportamental, como alguns têm interpretado erroneamente estas conjecturas – não leram ou leram mas não entenderam minhas postulações – , aqui sugiro apenas que seriam manifestações transitórias do ponto de vista evolutivo, sinais de um processo em pleno curso e, portanto, ainda não consolidado. A falta de lubrificação natural do ânus, que prevê somente a saída e não a entrada de volumes, ou dejetos, também aponta para a transitoriedade desta manifestação natural e até previsível. A grande quantidade de terminais nervosos nesta região e na porção final do reto parece estar mais relacionada ao controle do processo de defecação. Sua eventual transformação em região erógena pode apenas refletir a enorme plasticidade ou resiliência de nossas células nervosas e centros de controle cerebral.

Há quatro modos principais de especiação [40]: a *alopátrica,* a *simpátrica,* a *parapátrica* e a *peripátrica*. São processos que podem ser induzidos artificialmente, através de cruzamentos selecionados, experiências laboratoriais ou estímulos comportamentais. No caso humano, deve ser do tipo *simpátrico*, em que há convivência cronológica entre as novas variantes produzidas e as originais.

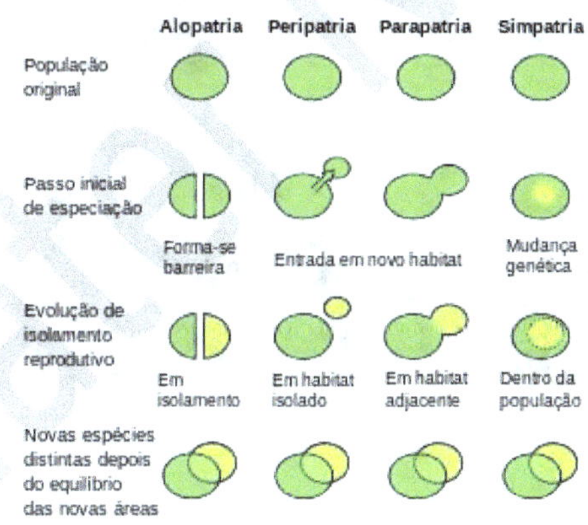

---

[40] https://pt.wikipedia.org/wiki/Especia%C3%A7%C3%A3o

Doravante, mais que nunca, pode valer a regra que preconizo em outro de meus livros (*O Método 4D para Compras, Vendas e Negociações em geral, também citado ao final deste livro*):

Quer vender ou conviver harmoniosamente com os LGBTQIA+?

É simples:

1. Quando com um do sexo masculino, se dirija a uma mulher.
2. Quando com um do sexo feminino, se dirija a um homem.
3. Quando tiver dúvidas, trate de elimina-las o quanto antes.

Fonte: https://publicdomainvectors.org/pt/vetorial-gratis/Mulher-e-p%C3%B4r-do-sol/55365.html

Decorrência 3 – Fragilidades expostas pela *Síndrome dos Guevedoces.*

A existência desta curiosa síndrome mostra o quão vulneráveis são as bases de nosso dimorfismo sexual. A simples ação de uma proteína provoca transformações tão radicais e surpreendentes que nos levam a pensar, por exemplo, na possibilidade de que proteínas como esta possam ser utilizadas em algum tipo de tratamento visando mudanças de sexo, como tão em voga de alguns anos para cá, pelo menos enquanto houver a homossexualidade tal como conhecemos hoje. A ausência de acnes nos adultos portadores também oferece a mesma sugestão, dada a enorme importância desta afecção de pele sobre as pessoas por ela vitimadas, especialmente os mais jovens, de efeitos dramáticos sobre sua aparência e autoestima.

A escassez de barbas nestes adultos também sugere estudos desta mesma linha nas áreas da cosmética e da dermatologia e, por que não conjecturar, até nas áreas da ginecologia e da fisiologia reprodutiva feminina.

Note-se, a propósito, que não há relatos de uma síndrome espelhada à dos *Guevedoces*, em que meninas nasceriam meninos. Este também pode ser um fato não aleatório.

Existem diversos mecanismos que direcionam a determinação sexual. Isto é observado, inclusive, em outras espécies além dos mamíferos, como alguns répteis e peixes que contam também com um processo dependente apenas da temperatura ambiente para a determinação sexual [41], atestando o quanto é "simples" e factível a reversão entre sexos.

Decorrência 4 – Comportamento psicológico diferenciado entre sexos

Como vou comentar logo em seguida, na segunda de minhas conclusões, o dimorfismo sexual pode se manifestar em nossa *psiqué* de maneira tão explícita quanto em nossa anatomia e fisiologia corporais. Esta possibilidade também abre caminho para uma infinidade de estudos algo mais direcionados em todas as vertentes e demandas das ramificações da Psicologia e das ciências do comportamento. De minha parte, já a estou dando por aceita, a aplicando em meus estudos e publicações nas áreas do *marketing*, das compras, vendas e negociações em geral [42], por exemplo, com muito sucesso na interpretação e previsão do comportamento dos consumidores em geral assim segregados.

---

[41] https://blog.varsomics.com/cromossomo-sexual-curiosidades-mitos-e-verdades/

[42] https://go.hotmart.com/G72465715D?dp=1

Conclusões

Para resumir o que vimos ao longo desta leitura, vamos agora convergir para algumas de suas principais conclusões, lembrando que estamos apenas no começo das várias releituras possíveis da realidade e dos fatos a partir da aceitação desta Hipótese da *Protoginia*.

Conclusão 1 – As pregações e dogmas religiosos estão baseados em meros mitos

Nossa espécie parece estar mesmo ainda em plena formação e consolidação. O dimorfismo sexual parece ser um evento muito recente na escala evolutiva, ainda não totalmente consolidado. O tal sétimo dia, portanto, pode estar durando bem mais que alguns milênios, por enquanto, ou seja, mais uma balela vendida a peso de ouro por algumas religiões, que tantos óbices tem provocado, direta ou indiretamente, aos avanços do conhecimento científico bem mais lúcido, qualificado e construtivo, ao longo de muitos séculos.

Há outros argumentos a favor desta conclusão, que incluem o fato de ainda termos vários elementos constitutivos em nosso organismo que já não têm mais função objetiva, a exemplo dos mamilos nos homens, como destaquei, dos dentes molares, do apêndice cecal, da vértebra coccígea, da membrana nictitante dos olhos, dos músculos das orelhas e do mecanismo funcional que provoca arrepios em nossa pele, todos sinais de que ainda estamos em plena formação enquanto espécie.

Conclusão 2 – Homossexualidade

A homossexualidade, por ser um evento rigorosamente natural, pode ser transitória, fadada a desaparecer tão logo se consolide o dimorfismo sexual, tanto do corpo quanto da *psiqué*. Esta externalidade comportamental se estende por todo o reino animal, entre todas as espécies que têm no cromossoma *Y* a chave de seu dimorfismo sexual, como podemos facilmente observar na natureza.

Conclusão 3 – Nosso cérebro é feminino

O *contrasself*, o *ego* e o lado direito do *neocórtex* são, pelo visto, tipicamente femininos. Apenas o lado esquerdo do *neocórtex* teria se diferenciado como masculino.

Sobre esta conclusão, precisaria estender um pouco mais seu embasamento, mas prefiro remeter os eventuais interessados ao um outro trabalho (*Outras Hipóteses, apresentado ao final deste livro)*, onde aprofundo bastante o assunto, por demandar vários outros elementos e pré-requisitos para seu adequado tratamento e entendimento.

Conclusão 4 – A razão de existirmos os homens

Os homens machos devemos ser mulheres fêmeas especializadas na defesa, proteção, provisão e reprodução dos organismos da espécie, basicamente. Fomos gerados muito tempo depois de nossas antepassadas terem se tornado bípedes, com os membros superiores menores que os inferiores, portanto, por conta das mudanças de *habitat*.

Por tudo que aqui vimos, até nisto o livro de Gênesis se revela meramente fabulesco, como sempre apontando para um lado errado. Confundimento deliberado e astuto empreendido por papas, profetas, doutrinadores, escribas e outros líderes católicos com interesses pouco confessáveis, mas facilmente dedutíveis. Quem muito sofreu, e ainda sofre, com suas elaborações, é a Ciência qualificada.

Como se vê, a hipótese aqui apresentada empodera fortemente as mulheres, se é que se deva falar de empoderamento diferencial entre sexos ou gêneros. Nada mais justo do ponto de vista numérico, pelo menos, já que são a maioria da população mundial, inclusive a do Brasil, onde são cerca de 51,8% [43]. Que minoria é esta, portanto? Qual é o sexo "forte" e qual o "fraco" neste caso?

Que me perdoe *Freud*, mas parece que sua teoria acerca da inveja do pênis por parte das meninas não vai mais fazer sentido [44], do que eu, aliás, já desconfiava há longa data. Nem esta postulação nem sua correspondente, a de que os meninos teriam receio de uma castração [45]. Como tenho dito, as diferenças de natureza sexual ou de gênero, pelo menos entre os humanos, têm soma zero, como não poderia deixar de ser do ponto de vista evolutivo. Fosse diferente, uma das variantes não precisaria existir. Isto bate de frente com o que temos constatado ao longo desta leitura.

A mais evidente diferença entre os sexos se deve à maior expectativa de vida para elas *(76 anos)* que para nós, 69 anos [46]. Estes 7 anos a mais fazem enorme diferença sob todos os pontos de vista, e são facilmente compreensíveis diante das diferenças de demandas e desgaste físico entre as duas variantes de sexo, em geral.

A pretensa dominação masculina, ou machismo, de fato, é uma mera pretensão, uma convenção corporativa que colou! Na verdade, pode ser uma clara inversão de valores visando a defesa de um sexo fraco – o masculino –, já que a melhor defesa, como bem se sabe, é o ataque. Força física não pode ser sinônimo de superioridade, apenas de poder diante de algumas contingências bem definidas.

O fato de os homens termos, em geral, pernas e braços mais fortes que os das mulheres, além de glúteos menores e maiores taxas de hemoglobina no sangue, características que favorecem o melhor desempenho em caminhadas, traduzido em maiores velocidades e fôlego, tende a nos colocar naturalmente à frente delas em

---

[43] https://educa.ibge.gov.br/jovens/conheca-o-brasil/populacao/18320-quantidade-de-homens-e-mulheres.html

[44] https://www.maxwell.vrac.puc-rio.br/4829/4829_3.PDF

[45] *Inveja do pênis* é uma teoria psicanalítica freudiana que se refere à reação de uma garota durante seu desenvolvimento psicossexual, quando ela percebe que não possui um pênis. Freud considerou esta compreensão um momento determinante no desenvolvimento da identidade de gênero e sexo para as mulheres. De acordo com ele, a reação paralela em garotos é uma ansiedade de castração.

[46] https://mundoeducacao.uol.com.br/geografia/expectativa-vida.htm

caminhadas mais longas, por exemplo. Esta vantagem, a de puxar as filas, pode estar na origem, consciente ou não, do machismo, postura tão cultivada e amalgamada ao tecido social. Uma espécie de pretensa prevalência existencial decorrente da prevalência física, algo, portanto, descabido e incoerente, vez que estes atributos não se estendem a eventuais vantagens cognitivas, intelectuais ou morais. As diferenças predicativas têm soma zero.

O próprio conceito de superioridade entre sexos é uma platitude sem qualquer fundamento ou função do ponto de vista da realidade, da natureza e da criação. Sequela de nossa estupidez enquanto espécie, esta que se dedica tão vorazmente a promover o inexorável esgotamento dos recursos naturais ainda disponíveis no planeta, de forma absolutamente insensível diante do curso da criação, em quaisquer escalas. Porque não o seríamos também neste quesito?

Muito além da existência no espaço e no tempo, nosso verdadeiro universo é virtual, cognitivo e transcendente. Nestas instancias, onde temos cadeira cativa e diferenciada enquanto espécie inteligente e capaz de fazer escolhas, não cabem diferenças morfológicas, funcionais ou fisiológicas. Nelas estamos rigorosamente igualados em nobreza, responsabilidade e função na criação, termo aqui utilizado de forma dissociada de qualquer conotação religiosa.

Não bastasse, todos, homens e mulheres, somos rigorosamente iguais perante as leis do mundo real, não religioso, escritas ou não, não cabendo, também deste ponto de vista, discutirmos diferenças de poder ou de usufruto de prerrogativas diferenciais entre os sexos.

Diante destas constatações óbvias, erram miseravelmente os que se negam a reconhecer e respeitar as diferenças morfológicas e funcionais entre sexos ou gêneros no que tange às nossas existências materiais e culturais, se apegando a ideologias, conceitos e preconceitos tão inconsistentes quanto ingênuos.

O Deus bíblico, se de fato existisse, haveria então de ser uma mulher, e quem realmente estaria mandando "no céu" até hoje seria a *Asherah*, tão citada nas mitologias, uma excrescência anacrônica quase 5 bilhões de anos "mais jovem" que ele, e não ele, tal como foi desenhado por aqueles líderes. Da mesma forma, quem realmente haveria de dar as cartas no Olimpo teria que ser *Hera,* e não *Zeus*.

Pelo jeito, o aforisma que se contrapõe a este arranjo teria um fundamento muito mais profundo e abrangente que sua frugalidade poderia sugerir: primeiro as damas, depois os cavalheiros.

A bíblia, no Gênesis, também nisto, sem qualquer surpresa, estaria absolutamente errada, já que, segundo a Mitologia Vaticana, primeiro teria vindo Adão e depois Eva. Ela teria vindo, inclusive, de uma costela dele, seja lá o que isto queira dizer.

Brincadeiras e "Mintologias" à parte, há muito a ser discutido ao se aceitar a *Protoginia* entre os humanos. Há vários estudos [47] que apontam que esta situação pode se estender a muitos outros exemplos no mundo animal, onde já se aceita normalmente a prevalência das fêmeas em muitas situações, como lembra o biólogo paulista Glauco Machado, da USP *(Universidade de São Paulo)* [48]. Há relatos, inclusive, da existência de *fêmeas alfa* [49,50].

Concluindo, a se considerar pertinente a *Protoginia*, mas não só aqui, já que em tudo na natureza se percebe um impressionante ordenamento e concatenamento de fatos e energias, uma total coerência entre formas, eventos, cronogramas, de formação e extinção de estruturas ao longo do espaço e do tempo, fica muito evidente que por trás de tudo isto tem que haver muita, muita inteligência, estratégias sofisticadas de ação e detalhado planejamento de tudo que nela acontece, seja no mundo mineral, no geológico, no fenomenológico ou no mundo celulado, entre animais, vegetais, protistas

---

[47] https://www.cnnbrasil.com.br/tecnologia/como-a-zoologia-se-equivocou-quanto-as-femeas-do-mundo-animal/

[48] https://www.uol.com.br/tilt/ultimas-noticias/redacao/2017/04/19/femeas-dominam-no-reino-animal-e-algumas-delas-tem-ate-pseudopenis.htm#:~:text=F%C3%AAmeas%20dominam%20o%20reino%20animal,%2F04%2F2017%20%2D%20UOL%20TILT

[49] https://www.publico.pt/2022/05/28/ciencia/noticia/nao-macho-domina-reino-animal-tambem-nao-femea-2006567

[50] https://www.ib.usp.br/mais-noticias/2361-femeas-dominam-o-reino-animal.html

e onde quer que se lance o olhar e a atenção, em quaisquer estruturas, escalas e instâncias.

Alguém, ou algo, há de ter planejado e estar no controle de tudo que há. Não há como pessoas normais negarem esta realidade tão óbvia quanto gritante. Esta é uma discussão ampla e estimulante, que foge ao escopo deste livro, onde me detenho em justificar a proposição da hipótese aqui apresentada. Como tenho dito ao longo desta exposição, trato de vários assuntos correlatos em maior profundidade em outros livros que tenho escrito, em muitas páginas de um gratificante e conclusivo trabalho, como em uma trilogia que também apresento ao final deste manual.

Por não dar *spoiler*, mas já adiantando meu posicionamento a respeito, se é que tem alguma importância, posso assegurar que a inteligência por trás de tudo isto, em minha opinião, não pode ser encontrada, nem de longe nem de perto, nos templos ou compêndios de matrizes religiosas, nem em seus manuais de referência, em seus ritos e mitos, que, para mim, não passam disto mesmo, de prosaicos ritos e mitos, quase sempre autênticos *micos*, no sentido pejorativo da palavra, sempre convenientes, de fácil digestão e assimilação, mas via de regra inúteis, senão como lenitivos para a inércia intelectual de seus seguidores.

Minha opinião pessoal é de que estamos diante da obra e da gestão de uma instancia coletiva muito bem definida e presente, e não de qualquer força ou poder individualizáveis na forma de deidades.

Estava certo Heráclito quando decretou seu *Panta rei!*: tudo está em movimento, em transformação, em construção. Minha hipótese vai nesta mesma linha. Se estou certo ou errado não saberei, porque, vencidas as obrigatórias etapas do ceticismo, do desprezo e até do deboche vindos dos acólitos do *status quo*, que sempre se apresentam por ocasião destas proposituras, não sei se haverá algum tempo remanescente para um debate mais amplo, isento e qualificado, do qual eu possa participar. Que o digam Sócrates, Galileu, Espinoza e Giordano Bruno. Pelo sim, pelo não, fica aqui o registro de mais esta heresia de minha parte. Ainda bem que não creio nem temo nenhum dos círculos, vales, fossos e esferas do inferno de Dante!

Resumo

Alguns indícios são aqui apresentados sobre a possibilidade de a variante sexual macho ter surgido na escala evolutiva muito tempo depois que a variante fêmea na espécie humana, por conta da necessidade de aprimoramento de suas condições gerais de vida e sobrevivência. Ao longo do período correspondente à formação e desenvolvimento desta variante, as fêmeas teriam sido capazes de se autofecundarem ou de faze-lo de forma cruzada, com outras fêmeas, de forma a viabilizar a manutenção da espécie.

Sem formato ou pretensão acadêmica ou formal, este livro, dirigido ao público geral, apresenta uma hipótese à qual o autor chamou de *Hipótese da Protoginia Humana*.

As principais premissas que serviram de fundamento à formulação desta hipótese são apresentadas e justificadas, bem como algumas decorrências de sua aceitação, seguidas de algumas conclusões extraídas das reflexões assim propostas. Considerando que a sexualidade se manifesta não só no plano biológico e comportamental, mas também no psicológico, o autor propõe um redesenho do perfil mental da espécie, baseado nos fundamentos produzidos por pensadores e estudiosos consagrados, propondo uma correspondência entre as principais frações da *psiqué* e o aparato neuroanatômico da espécie.

Pela natureza do assunto, destaca o autor a necessidade de seu tratamento de forma isenta de matizes doutrinários ou religiosos, de quaisquer correntes ou tendências ideológicas, quando se pretende atingir conclusões objetivas que gerem valores reais dos pontos de vista social, comportamental, político e científico, o que, em sua opinião, tem sido a principal causa do recorrente adiamento de discussões qualificadas a respeito.

Dedicatória

Dedico este livro às minhas filhas, Ana Carolina e Marina, meu orgulho e minha alegria, objetos de minha mais genuína paixão, da mesma forma como lhes dediquei minha vida desde que a este mundo acorreram, a quem continuo dedicando o melhor de minhas forças e a quem direciono meus eventuais talentos e mais caros projetos.

Dedico também ao Pedro e ao Enrico, filhos da Ana Carolina, à Luana, à Lívia e à Luísa, filhas da Marina, expressões para mim mais ternas e encantadoras do futuro. Dizem que ser avô é ser pai em dobro, mas eu discordo: é ser pai ao quadrado! A quem mais vier por esta estrada, mesmo não estando eu mais aqui, permanecerá minha total dedicação, esteja onde estiver.

Dedico também à minha mãe, Eny, a quem devo o mais diligente e irrestrito apoio ao longo de minha vida, particularmente nos vários momentos críticos a que nos expus em minhas injunções para reparo dos muitos erros que empreendi para que me tornasse algo mais habilitado a não mais repeti-los. Não foram poucos estes erros nem estes momentos!

Dedico também, especialmente, ao meu pai Antônio, já dispensado deste planeta, que não precisará ler este livro porque grande parte dele foi ele mesmo quem escreveu junto comigo, ao me dar acesso à educação, à informação e ao conhecimento, sabemos a que custo e com quais sacrifícios. Que ele saiba, de onde estiver (eu sei...), que seu exemplo foi ainda mais imprescindível para que eu fosse capaz de chegar até aqui na construção de minha história pessoal, tanto quanto o foi para que eu me habilitasse a registrar um bom volume de experiências e observações ao longo de mais este livro.

Dedico, finalmente, aos meus poucos e bons leitores a quem eu possa auxiliar de alguma forma com o trabalho e as sugestões expressas neste manual, que agora entrego com alegria. Se eles existirem, terei justificado meu esforço. A notícia de ter-lhes sido de alguma forma útil será meu troféu e meu mais gratificante prêmio.

Outras obras do autor [51]

Algumas hipóteses (2020)

Como disse o general romano Pompeu, navegar é preciso. Viver também é preciso, sermos felizes é necessário, sermos livres é imprescindível! Disse o gato que, para quem não sabe para onde ir, qualquer caminho servirá. É verdade, mas para nós não servirão outros caminhos senão os que escolhermos livremente, porque sabemos, em geral, para onde queremos ir.

Não há rotas exatas, no entanto, mas como viver é preciso, vivendo seguiremos navegando! Muitos preferem se fazer acompanhar de alguma divindade nesta viagem, outros não. Esta opção, no entanto, é para iniciantes. Há uma porção inteligente na natureza, a que desenhou toda a realidade, e esta porção, certamente,

---

[51] Todos os livros estão disponíveis como *e-books* ou impressos nas livrarias da *Amazon*, https://www.amazon.com.br/Ricardo-Costa-Deotti/e/B00AXXX8KS/ref=aufs_dp_fta_dsk

não é habitada por deuses. É, ao invés, um coletivo poderoso que trabalha a cada minuto bem à frente de nossos narizes, o tempo todo, dia e noite.

Sua criação, longe de estar concluída, é uma grandiosa obra em plena construção bem à nossa frente, acima e abaixo de nossas cabeças, em todo o universo. Esta leitura vai lhe propor uma visão objetiva deste trabalho e da ação de seus arquitetos, um grande grupo de designers seculares. Amar como a nós mesmos? Bobagem, porque isto é impraticável. A palavra-chave da convivência sadia é outra, é respeito. Respeitar como a nós mesmos é a melhor atitude, porque todos merecemos respeito, inclusive o mundo que nos cerca. Isto é perfeitamente possível, além de ser muito gratificante. Aqui veremos que é possível vivermos livres do assédio e do jugo das tiranias, sejam as econômicas, as religiosas, as étnicas, políticas ou quaisquer outras, inclusive as imaginárias. Boa viagem!

Outras hipóteses (2012)

A ciência do século 21 já nos oferece boas pistas sobre algumas das mais recorrentes questões ainda em aberto acerca de nossas origens, sobre as razões de sermos e o destino aparentemente a nós reservado no plano geral da criação, além de nos oferecer explicações objetivas sobre alguns dos mais íntimos segredos da natureza, da matéria, dos mecanismos da vida e da realidade, sem que precisemos recorrer às explicações mágicas, simplórias e anacrônicas criadas e cultivadas pelas religiões e mitologias, que desde sempre nelas insistem por fazerem delas seu sustento.

Para ajudar a aplacar a nossa sede por explicações definitivas sobre as realidades, tanto a coletiva quanto as pessoais, este livro, o segundo de uma trilogia de ensaios de hermenêutica, sem pretensões nem formato acadêmico, apresenta um conjunto de hipóteses bem ancoradas nas ciências e em observações atentas da natureza e da realidade para estimularem e servirem de apoio a estas reflexões.

Aqui são apresentadas postulações fundamentais e inéditas sobre a natureza e a origem da vida neste planeta e fora dele, tanto a celulada quanto a inerte, sobre as matrizes dos principais processos cognitivos que dão suporte à inteligência, fonte do conhecimento, sobre o livre arbítrio, que pode não ser assim tão livre, sobre o que estaria por trás de cada uma das divindades a frequentarem desde sempre o imaginário popular, tanto as do bem quanto as do mal, sobre a razão de serem os animais, vegetais e demais formas de vida celulada não tão dotadas de tanto intelecto quanto a nossa espécie, sobre a natureza do tecido inteligente por trás de nossas realidades, sobre a estrutura de nossa psiqué e dos sonhos, sobre o bioma pessoal que compartilhamos, sobre a independência do cérebro em relação ao restante do corpo e vários outros assuntos a estes correlatos.

É para ajudar a entender a realidade em toda a sua amplitude, em todas as escalas, de forma pragmática e objetiva, que pode contribuir esta trilogia.

Não há sangue azul (2021)

A ciência lida com fatos e procura transforma-los em utilidades para a coletividade. As religiões criam mitos e deles se alimentam em seu próprio benefício, sempre associadas a tiranias políticas, econômicas, étnicas ou sociais. Em geral, todas ao mesmo tempo. Sem as ciências, estaríamos ainda coletando frutos e caçando macacos nas estepes africanas ou nas florestas da América, como prefeririam as demais.

Este livro conclui uma trilogia de ensaios de hermenêutica, sem pretensões nem formato acadêmico, destinados a estimular a revisão de algumas versões tornadas obsoletas pela ciência para tentarem explicar a realidade, a natureza e a criação, originalmente formuladas pelas mitologias e religiões, ainda cultivadas sistematicamente por seus agentes e seguidores há milênios. Tornadas anacrônicas e indefensáveis diante das verdades consagradas pela ciência do século 21, já não se sustentam sequer como doces metáforas destinadas a aplacar a curiosidade das crianças e a das camadas mais simplórias das sociedades. É necessário que sejam reposicionadas no plano amplo da criação, porque o poder deve ser devolvido a quem o origina e legitima, que são os cidadãos e cidadãs de bem de cada tempo.

A partir da observação atenta da realidade e da cena natural, passando por tópicos tão diversos quanto psicologia, comportamento, ontologia, política, educação, meio ambiente, qualidade de vida e ética, o autor oferece um conjunto de hipóteses e proposituras que permitam a seus leitores renovar, caso desejem, suas visões da realidade e de nossos papéis na criação, despojados de quaisquer compromissos doutrinários ou outros que tais, que de alguma forma possam inibir ou turbar seu livre pensar e agir. Nesta ampla liberdade de pensamentos e na mais veemente defesa das verdades amparadas pela ciência se baseia este trabalho.

Auditória – Quem sabe ouvir, sabe vender e viver melhor! (2021)

Estamos sempre a alguns poucos passos dos olfatos que não sentimos, dos perfumes que não percebemos, dos abraços que não ganhamos nem demos, dos minutos que não concedemos nem ganhamos, dos ouvidos que não tivemos nem cedemos. Por conta disto, as respostas que tanto buscamos podem estar logo ali, a duas ou três das perguntas que não fizemos. Da mesma forma como um rio nunca é atravessado duas vezes, já que na segunda suas águas serão outras, uma fala nunca será repetida, ao contrário da leitura. Daí a importância de que seja ouvida com atenção e zelo, para que gere seus exclusivos frutos, sejam quais tiverem que ser, especialmente quando as pessoas que falam, e que clamam por serem ouvidas, são nossos entes queridos. Todos sofremos muito por não sermos ouvidos. É nas escutas que começam os amores, as vendas e os negócios, e é na não escuta que eles costumam terminar.   O objetivo deste livro é trazer a seus leitores e leitoras um conjunto de informações objetivas, úteis e pertinentes sobre este tema aparentemente banal, mas tão importante e imprescindível quanto atual e negligenciado, tanto na esfera pessoal quanto na social. Traz, a propósito, uma inédita abordagem sobre os processos de vendas que considera quais as frações de nossas psiqués estão realmente presentes a cada momento, potencializando as técnicas de vendas usuais, tornadas mais efetivas e naturais tanto para quem vende quanto para quem quer comprar.   Nobre é quem sabe ouvir, pobre de quem não é ouvido!

Mater Nostra – As mulheres são mais evoluídas do que pensam!

quanto para quem quer comprar.   Nobre é quem sabe ouvir, pobre de quem não é ouvido!

O Método 4D (2022)

Para Compras, Vendas e Negociações

Uma abordagem inteiramente nova dos processos de compras, vendas e negociações em geral, baseada no imediato reconhecimento das 4 principais frações da psiqué direta e invariavelmente envolvidas nestes processos, bem como perceber sua alternância a cada momento das tratativas, permitindo aos profissionais escolherem, com exatidão, quais os melhores recursos e estratégias de persuasão a serem utilizadas a cada fase das abordagens, sejam as mais corriqueiras ou as mais complexas, potencializando muito suas conversões.

Todas as pessoas temos a mesma estrutura psicológica básica, variando apenas o peso de suas participações e suas durações. Cada uma delas tem suas próprias forças e fraquezas, o que as diferencia de forma radical. Se tratadas de forma inadequada ou inoportuna, as chances de sucesso nas tratativas serão diretamente afetadas. Clientes bem atendidos, por outro, são leads bem entendidos e para isto é preciso que sejam acatados com precisão e método.

Eles serão os melhores vendedores de quaisquer produtos ou serviços, seja em processos presenciais ou on line, e se multiplicarão sempre que satisfeitos de forma ética, respeitosa e completa, com um detalhe: estarão prestando este serviço de forma gratuita e de multiplicação exponencial!

Este livro, além de prover os meios de lidarmos com desenvoltura com estas frações principais, entre muitas outras capacitações, demonstra que somos seres pensantes que também nos emocionamos, o que contraria o senso comum.

Quem tomará as decisões finais de compras serão sempre as frações racionais da psiqué baseadas na lógica, e não nas emoções, que têm papel essencial nestes processos, mas não tomam as decisões finais. Isto modifica completamente o foco de quaisquer ações de marketing ou técnicas de vendas e de negociações. É preciso valorizar a inteligência dos consumidores em geral, que, mesmo momentaneamente submetida às emoções, estará prevalecendo de forma pragmática e objetiva em quaisquer destes processos.

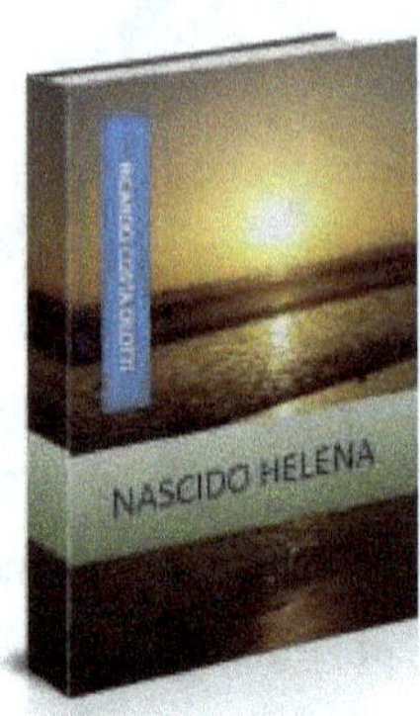

Nascido Helena (2021)

Guevedoces são pessoas que têm uma síndrome muito rara, embora comum na região de *Las Salinas*, na República Dominicana, 1 a cada 90 meninos, e em algumas regiões da Turquia, Egito e Papua Nova Guiné.

Os portadores desta síndrome real nascem meninas e se tornam meninos entre 10 e 12 anos!

Meninas perfeitas, com estrutura psicológica, genitália externa e órgãos internos plenamente funcionais, podendo até, não fosse pela idade, se engravidarem. No início da adolescência, com o turbilhão hormonal típico desta fase do desenvolvimento, estes órgãos atrofiam e dão origem gradualmente à genitália masculina, externa e interna, também plenamente funcionais. Daí para frente, serão meninos perfeitamente normais.

Helena era um guevedoce.

Esta síndrome é o pano de fundo de uma trama surpreendente, escrita tanto para entreter quanto para provocar profundas reflexões sobre a sexualidade. Mais que um romance saboroso, é uma nova visão que vai provocar um proveitoso repensamento da realidade.

Ao jogar luzes sobre a ideologia de gêneros e todas as distorções a que este tema vem sendo exposto nos últimos tempos, o principal objetivo deste trabalho é o de exaltar e elogiar a liberdade do ser.

Um quase ensaio de hermenêutica, uma proposta de metafísica existencial de matriz herética e disruptiva. O ponto central desta trama, não por acaso posicionado nas páginas centrais do livro, é a fala de outro personagem principal, de natureza surreal e atemporal. Se serve, por um lado, de referência para o futuro da protagonista, serve também para veicular as mensagens principais deste livro.